תומר דבורה
LA PALMERA DE DÉBORA

RABÍ MOISÉS CORDOVERO

תומר דבורה
LA PALMERA DE DÉBORA

EDICIONES OBELISCO

Si este libro le ha interesado y desea que le mantengamos informado de nuestras
publicaciones, escríbanos indicándonos qué temas son de su interés
(Astrología, Autoayuda, Psicología, Judaísmo, Medicinas alternativas,
Espiritualidad, Tradición…) y gustosamente le complaceremos.

Puede consultar nuestro catálogo en www.edicionesobelisco.com

Colección Càbala y judaísmo
LA PALMERA DE DÉBORA
Rabí Moisés Cordovero

1.ª edición: enero de 2024

Título original: *Tōmer Débora*

Traducción: *David N. Benabraham*
Maquetación: *Isabel Also*

© 2024, Ediciones Obelisco, S. L.
(Reservados los derechos para la presente edición)

Edita: Ediciones Obelisco, S. L.
Collita, 23-25. Pol. Ind. Molí de la Bastida
08191 Rubí - Barcelona - España
Tel. 93 309 85 25
E-mail: info@edicionesobelisco.com

ISBN: 978-84-1172-096-0
DL B 22188-2023

Impreso en los talleres gráficos de Romanyà/Valls S. A.
Verdaguer, 1 - 08786 Capellades - Barcelona

Printed in Spain

INTRODUCCIÓN

Existe un prejuicio, bastante extendido, que los militantes del ateísmo y el anticlericalismo suelen enunciar repitiendo a una de las aseveraciones más conocidas del pensador judío Karl Marx: «la religión es el opio del pueblo». Incluso cuando Marx no se refirió a la práctica religiosa o al cultivo de la espiritualidad, sino a la instrumentalización de las inquietudes humanas por la trascendencia por parte de las élites económicas para subyugar al pueblo, su proposición se ha deformado hasta volverla equivalente a la idea de que la religión *per se* es un narcótico para la razón y un obstáculo para los procesos de transformación social.

El prejuicio es simplista en tanto que atiende solamente a la ominosa relación que las jerarquías religiosas –en todas las latitudes y tiempo histórico– han mantenido con el poder. Es cierto: quienes se han atribuido la representación de cualquier idea de lo numinoso sobre la Tierra a menudo han sentido la tentación de usar esa intitulación para su propio interés, para imponer una visión concreta del asunto… Pero la práctica religiosa, y cuánto más el cultivo de la espiritualidad, se da también lejos de las estructuras o instituciones que se afanan en detentar las enseñanzas de la Torá, los Evangelios, el Corán. Y contra lo que el sector del ateísmo que aboga por la corrección de las desigualdades suele argumentar, en esos espacios personales o comunitarios, pero desjerarquizados o desvinculados del interés material, lo religioso es una herramienta de transformación personal y de corrección de los defectos del mundo.

Salvo por la distinción de género que rabí Moshé Cordovero realiza en *La palmera de Débora* –en este momento únicamente admisible para las corrientes más reaccionarias del judaísmo–, este texto que presentamos a los lectores en lengua española constituye un manifiesto progresista. Ya en el siglo XVI y desde una postura religiosa, considerándolo mandato divino, Cordovero emplea la Torá y el Talmud como argumentos para proponer la redistribución de la riqueza, la tolerancia…

El sabio, nacido en Safed en 1522, lejos de buscar el adormecimiento del lector, realiza una llamada a la acción. Toma el versículo de la Torá que afirma que YHVH «creó al ser humano a su imagen y semejanza» (Génesis 1:27) no sólo como un reconocimiento de la esencia divina del individuo, sino como una aspiración. El ser humano no es en todo momento y por defecto a imagen y semejanza de YHVH, sino que tiene la posibilidad y el deber de «imitar a su Creador» «por medio del pensamiento, la palabra y la acción».

Casi cuatro siglos antes de que rabí Cordovero escribiese *La palmera de Débora*, Maimónides se había ocupado ampliamente de negar la literalidad del versículo «a su imagen y semejanza» y clarificarlo en *La guía de perplejos* (1190). El Rambam rechazaba filológicamente la visión teísta del Dios antropomórfico señalando que el verbo empleado por la Torá para designar la semejanza era «*sélem*» (צלם), que no podía referir a una forma corpórea sino a una natural, a la esencia de la cosa, de la misma manera que «*demut*» (דמות) no sugiere una idea de semejanza física, como cuando se escribió «Me asemejo al pájaro solitario en el tejado» (Salmos 102:7) o «Se asemejan al león que desea cobrarse su presa, y al leoncillo que está en su escondite» (Salmos 17:12). Nadie deduciría de esos versículos que la persona a la que se refieran tenga alas y plumas, o garras y unas fauces poderosas. Y es de esa manera que Maimónides nos invita a interpretar «a su imagen y semejanza». Del mismo modo «Moisés se cubrió el rostro, pues temía mirar a Dios» (Éxodo 3:6) no comunica la idea de que el pastor fiel tuviese temor a observar físicamente a YHVH, en tanto que YHVH no posee una existencia corpórea, sino que temía exponerse a esa experiencia inabarcable para los sentidos.

¿A qué concepto debe remitir entonces el símil? A lo intelectivo. El Rambam sitúa en el centro de la naturaleza del ser su capacidad para pensar, en la que radica la posibilidad de tomar decisiones y actuar de acuerdo con la propia convicción. La esencia divina se hallaría en la singular posibilidad de los humanos para razonar. El cuerpo humano no estaría hecho físicamente a imagen y semejanza de YHVH, sino que contendría la posibilidad de imitar sus facultades: ver, escuchar, razonar... según la escala del mundo terrenal.

La palmera de Débora parece recoger esa interpretación del versículo e insta a sus lectores a comportarse de manera que su pensamiento conduzca sus acciones y sus palabras para que imiten Abajo las de YHVH Arriba. No basta ya con ser pasivamente y asumir que como fruto de la voluntad divina uno es semejante al Creador: «Si lo fuera con su cuerpo, pero no a través de sus acciones, entonces estaría traicionando a la Forma, y diríamos de él 'una forma hermosa cuyos actos son abominables'», argumenta el autor.

Y para que no haya excusas, y actuando él mismo según lo que expondrá en el capítulo III («Cada uno, según sus facultades, debe actuar como un maestro para los demás y aportarles lo que pueda de su sabiduría, sin permitir que nada se interponga en esta tarea»), el rabí Cordovero compuso este «método completo por el cual uno puede comprometerse con la santidad para que la corona de la *Shejiná* nunca se retire de su cabeza».

Sirviéndose del Árbol de la Vida como modelo, el sabio de Safed instruye a quien desee ser instruido sobre las virtudes éticas que una persona debe cultivar para mantener esa semejanza con su Creador. Es cierto que hay pasajes del texto que pueden resultar controvertidos, o tan apegados a la literalidad de la Torá que sean percibidos como anacrónicos por el lector del siglo XXI. Negarlo sería absurdo, tanto como pretender que no hayan transcurrido más de cuatrocientos años desde la escritura de esta obra. Pero lo que se halla en su tuétano y sigue plenamente vigente, tanto para quienes tienen una visión ortodoxa de lo religioso como para quienes prefieren sostener un diálogo crítico con los textos, es una llamada al *Tikkun Olam*: a la reparación de las imperfecciones del mundo. O, expresado en términos laicos, a practicar la justicia social.

La exégesis del rabí Cordovero nos conmina a observar la Torá como un gesto de compromiso radical con el prójimo y con la creación. Es la misma visión de la experiencia de ser judío que llevó al filósofo Emmanuel Lévinas a afirmar que «Desde el momento en que el otro me mira, yo soy responsable de él sin ni siquiera tener que tomar responsabilidades en relación con él; su responsabilidad me incumbe». A través de *La palmera de Débora*, el Ramak nos urge a: «desear el bienestar de su prójimo, mirar con agrado su fortuna y valorar su honor como el suyo propio», «poner fin a la ira incluso cuando estuviese justificada» y «no alimentar el odio», «dar caridad a los pobres a fin de proveerlos»… Tener buenos deseos, ser tolerante, cultivar la paz, ayudar al necesitado. Actos que, lejos de ser conservadores y reaccionarios, constituyen una forma revolucionaria de conducirse, incluso desafiante con las estructuras de poder que cultivan el individualismo, la confrontación, la acumulación…

¿Y por qué «la palmera», entonces? ¿Por qué Débora? El título de este texto alude a la palmera bajo la que Débora impartía justicia, según leemos en el Tanaj: «Gobernaba en aquel tiempo al pueblo de Israel una mujer, Débora, profeta, mujer de Lapidot; y acostumbraba sentarse bajo una palmera, entre Ramá y Bet-el, en el monte de Efraín; y los hijos de Israel subían a ella a juicio» (Jueces 4:4-6) La palmera no es otra cosa que el árbol sefirótico, a cuya guía debe recurrir el ser humano, como hizo Débora –por cierto, una mujer y no un hombre–, para volver más cierto el versículo «a su imagen y semejanza».

Como YHVH inspiró a la profeta, este texto nos reclama lo contrario al sueño de los opiáceos: «¡Despierta, despierta, Débora!».

DAVID N. BENABRAHAM,
en el segundo día del mes de Adar del año 5783

CAPÍTULO I

Es bueno que el ser humano imite a su Creador,[1] ya que entonces será a su imagen y semejanza, de acuerdo con el secreto de la Forma Suprema. Si lo fuera con su cuerpo, pero no a través de sus acciones, entonces estaría traicionando a la Forma, y diríamos de él «una forma hermosa cuyos actos son abominables». He aquí que la esencia de la Suprema Imagen y Semejanza son sus acciones. ¿De qué le serviría reproducir la estructura de los miembros de la Forma Suprema, pero no asemejarse a su Creador en sus acciones? Por lo tanto, es apropia-

---

1. Propone el rabí Cordovero una práctica proactiva del versículo «a su imagen y semejanza». En esta obra de musar, la principal proposición del autor es que el ser humano –aunque, en el siglo XVI, escribió explícitamente el libro empleando al varón como sujeto, hemos optado por una traducción igualitaria que solo distingue entre hombre y mujer cuando el contexto lo exige y no admite otra posibilidad– no dé por sentada su cercanía a YHVH, sino que la cultive a través de sus actos, sus palabras y sus pensamientos para acercarse a Él. De hecho, *La palmera de Débora* no es otra cosa que «un método completo por el cual uno puede comprometerse con la santidad para que la corona de la Shejiná nunca se retire de su cabeza».

do que las suyas se asemejen a las acciones de la Corona (*Kéter*), que son los trece atributos de la piedad más elevados: «¿Quién es un Dios como Tú […] que se volverá a apiadar de nosotros […]? Tú cumplirás la verdad» (Miqueas 7:18-20). Es decir, que lo apropiado es que estos trece atributos se encuentren en el hombre. Y ahora explicaremos cuáles son esas trece acciones a las que hay que ceñirse para estar junto a Él.

El primero: «¿Quién es un Dios como Tú?» instruye a propósito de que el Santo, Bendito Sea, es como un Rey que recibe una afrenta y la tolera, por inconcebible que resulte. He aquí que nada puede ser ocultado a su vista, no cabe duda sobre esto, y no hay momento en que una persona no sea nutrida y preservada por la Suprema Fuerza que fluye sobre ella. Y he aquí que nunca ha habido una persona que transgrediese contra Dios sin que Él –en ese preciso instante– estuviese sustentando el fluir de su existencia y el movimiento de sus extremidades. Y mientras esa persona transgrede con esa fuerza, Él no reniega de ella del todo. Más bien, el Santo, Bendito Sea, tolera tal afrenta: hace fluir su fuerza hasta los miembros de esa persona, y esa persona usa tal fuerza en ese momento para la transgresión y la iniquidad, y el agravio, y el Santo, bendito sea, lo tolera. Y uno no debería decir que Él no podría retirarle su bondad, HaShem no lo quiera. Está en su poder volver sus brazos y sus piernas rígidos en un instante, a través de su palabra, tal como hizo con Jeroboam (I Reyes 13:4).[2] Y aun siendo

---

2. El versículo al que se refiere dice: «Cuando el rey Jeroboam oyó la palabra del hombre de Dios clamando contra el altar de Bet-el, extendió su mano desde el altar y dijo: '¡Apresadlo!'. Mas la mano que había extendido contra él se le quedó rígida y no la pudo enderezar». Rashi, en su comentario al versículo, lo relaciona con el atributo de justicia de YHVH, pues

que Él tiene en su mano el poder de detener el fluido de esa fuerza, y podría decir «Puesto que has transgredido contra mí, transgrede con tu propia fuerza, no con la mía», no retira su bondad de una persona por este motivo. Al contrario, Él tolera la afrenta, hace fluir la fuerza y le confiere a la persona su bondad. He aquí un insulto y una tolerancia inconmensurable. Y por esto, los ángeles en su ministerio llaman al Santo, Bendito Sea, el Rey agraviado. Y éste es el significado del versículo «¿Quién es un Dios como Tú?», un Dios que es Señor de una piedad benefactora que es Señor con una fuerza que le permitiría cobrarse venganza y recuperar lo que es suyo, y que, a pesar de ello, tolera y es afrentado hasta que la persona se arrepienta.

He aquí que éste es un rasgo que una persona debe practicar: la tolerancia. Y, por lo tanto, recibir las afrentas, incluso hasta el extremo, y, a pesar de ello, no negar la propia bondad al otro.

El segundo: «Quien sustenta iniquidad». Y he aquí que es más importante aún que el anterior. Un ser humano no comete una iniquidad sin crear un espíritu destructivo (*mashjit*), como aprendimos: «Quien comete una iniquidad, adquiere un acusador» (Pirkei Avot 4:11). Y he aquí que ese acusador se encuentra frente al Santo, Bendito Sea, y dice «ése me creó». Y no hay criatura en el mundo que exista al margen del flujo del Santo, Bendito Sea; y ahí está ese espíritu destructivo, frente al Santo, Bendito Sea, ¿en virtud de qué existe? Sería lógico que

---

lo que nos muestra el pasaje es que HaShem no lo castiga por cometer actos de idolatría, pero sí interviene cuando va a usar su mano para privar de libertad de un hombre piadoso, que no había hecho otra cosa que señalar la transgresión del rey.

el Santo, Bendito Sea, dijese «Yo no nutro espíritus destructivos; debe ir frente al que lo creó y ser sostenido por él». Y el espíritu destructivo descendería inmediatamente y tomaría su alma, y lo extirparía o lo castigaría de acuerdo con su juicio, hasta que el espíritu destructivo se desvaneciese. Mas el Santo, Bendito Sea, no haría eso; al contrario, sostiene y tolera la iniquidad, y en tanto que nutre y sostiene el mundo entero, también nutre y sostiene a ese espíritu destructor hasta que sucede una de estas tres cosas: que el transgresor se arrepienta y cese y lo haga desaparecer con su padecimiento; que el justo Juez lo haga desaparecer con aflicciones y muerte; o que vaya al *Guehinom*[3] y pague allí su deuda. Y a esto se refieren las palabras de Caín cuando dijo: «¿Acaso es mi iniquidad tan grande como para sobrellevarla?» (Génesis 4:13). Y los sabios, de bendita memoria, explicaron: «Tú toleras el mundo entero, pero mi iniquidad es tan grande que no puedes tolerarla» (Midrash Tanjuma, Bereshit 9), refiriéndose a sostenerla hasta que pudiese arrepentirse y repararla. He aquí el gran rasgo de la tole-

---

3. Por un calco de la tradición cristiana, suele equipararse el Guehinom – Gehena en su versión helenizada, tal vez más popular– con el infierno. Sin embargo, es algo distinto. No es un espacio metafísico en el que las almas de los malvados cumplen condena y son atormentados eternamente, sino que es un lugar en el que quienes han cometido transgresiones o iniquidades pueden purificarse de ellas. Etimológicamente, el nombre procede del valle de Hinom (גי הנם). Conviene no confundirlo con el Sheol, otro concepto de la tradición judía que suele asimilarse al infierno cristiano, también erróneamente. El Sheol remite a un estado de separación de YHVH (Salmos 139:7) o un lugar en el que no se alaba ni se menciona a YHVH (Salmos 6:4-5), pero del que uno puede regresar (Job 14:12-15). Guehinom y Sheol se diferencian en que el primero está asociado a un contexto apocalíptico, mientras que el segundo está asociado con la muerte.

rancia: Él nutre y sostiene a una criatura maligna, creada por el transgresor, hasta que el transgresor de arrepiente.

A través de esto, una persona debería aprender cuán necesario es ser tolerante, para cargar con el yugo de su prójimo y los males que le haya hecho; incluso cuando ese mal que le ha hecho aún dure, debe tolerarlo hasta que su prójimo lo repare o desaparezca por sí mismo o...[4]

El tercero: «Y pasas por alto la transgresión» es un gran rasgo. He aquí que el perdón no se da a través de un vicario, sino a través del Santo, Bendito Sea, como está escrito: «En ti hay perdón...» (Salmos 130:4). ¿Y qué es el perdón? Que Él limpia la transgresión, como está escrito: «Cuando el Señor lave las inmundicias de los hijos de Sion» (Isaías 4:4). Y también está escrito: «Esparciré sobre vosotros agua limpia...» (Ezequiel 36:25). Esto significa «y pasas por alto la transgresión», que envía agua para lavarse, y pasa por alto y lava la transgresión. Uno no debería decir: «¿Debo corregir lo que otro ha pervertido y lo que es resultado de su transgresión?». No debe hablar de este modo, porque cuando una persona transgrede, el propio Santo, Bendito Sea, y no por medio de un vicario, repara la transgresión y limpia su mácula. A partir de esto se puede aprender la profunda vergüenza que comporta la transgresión, en tanto que el Rey se ve obligado a lavar las ropas que se han ensuciado.

El cuarto: «Del remanente de su heredad». He aquí como se comporta el Santo, Bendito Sea, respecto a Israel. Dice: «¿Qué puedo hacer con Israel, ya que son mis parientes, con quienes

---

4. Dios no concedió al ser humano el poder para perdonar a otro, sino que la reparación la debe obrar uno mismo dirigiéndose a YHVH.

tengo una relación carnal?». Ya que ellos son la compañera del Santo, Bendito Sea, y Él los llama «mi hija», «mi esposa», «mi madre», tal como nos han explicado nuestros rabinos, de bendita memoria.[5] Además, está escrito: «Israel, el pueblo cercano a Él» (Salmos 148:14), puesto que son sus hijos. Es por esto por lo que el versículo dice «para la *she'erith*[6] de su heredad», que alude a una expresión que designa parentesco carnal («*she'er basar*»). Porque, suceda lo que suceda, ellos son su heredad. El Altísimo dice: «¿Qué haré si los castigo con dolor, puesto que será mi dolor?». Pues como está escrito: «Con todos sus padecimientos, Él padece» (Isaías 63:9). Aquí, la palabra «*Lo*» (Él) está escrita con una *aleph* (que significa «no»). Porque sus sufrimientos se extendían hasta la Suprema Maravilla y aún hasta los dos rostros[7] en los que se concentra la Divina Providencia. Pero la palabra «*Lo*» se lee como si estuviese escrita con *vav* (para que signifique «Él»). Asimismo, está escrito (Jueces 10:16): «Y Él se afligió por la miseria de Israel», ya que Él no puede soportar su dolor y su humillación en tanto que ellos son el *she'erith* de su heredad.

Así debe comportarse uno con el prójimo, ya que existe una relación de parentesco entre todo el pueblo de Israel, en tanto que sus almas están unidas y en el alma de cada uno hay una porción de la de todos los demás. Ésta es la razón por la que no puede compararse una multitud que sostenga los mandatos

---

5. En la literatura rabínica es habitual la descripción de la relación entre YHVH y el pueblo de Israel como un matrimonio, que se produce en el momento de revelación de la Torá.
6. Remanente.
7. Tiferet y Maljut, de acuerdo al Zohar, del mismo modo que Jésed y Guevurá son «los dos brazos».

divinos con un individuo que lo haga solo, ya que la multitud posee su fuerza combinada. Este es el motivo de la enseñanza de los rabinos que dice que aquellos que son contados en la sinagoga entre los diez primeros recibirán la misma recompensa que todos los que lleguen después, incluso aunque aquellos que lleguen tarde sean cien (Berajot 47b). El número «cien» se entiende literalmente, porque las almas de los diez primeros están unidas entre sí, de modo que hay diez veces diez, ya que cada uno de ellos incluye cien almas en la suya propia.[8] Por ese mismo motivo, cada judío es garantía del resto, ya que cada uno posee literalmente una porción de todos los demás, y cuando un judío transgrede, no sólo daña su propia alma, sino también la porción del alma de los demás que lleva consigo. De ahí se desprende que el prójimo sea garante de ese fragmento.

Y puesto que todos los judíos están emparentados entre sí, uno solamente debe desear el bienestar de su prójimo, mirar con agrado su fortuna y valorar su honor como el suyo propio, ya que él y su prójimo son uno. Por eso se nos encomendó el mandato de amar a nuestro prójimo como a nosotros mismos (Levítico 19:18). Lo correcto para el ser humano es desear el bienestar de su prójimo y no hablar mal sobre él, ni desearle desgracias. De la misma manera que el Santo, Bendito Sea, no nos desea humillación ni sufrimiento alguno porque somos sus parientes, un hombre no debe desear asistir a la desgracia de su prójimo, ni verlo sufriente o desgraciado. Estas situaciones de-

---

8. Esta mención conecta con una de las enseñanzas básicas del musar, transmitida en forma parecida a un proverbio que se atribuye normalmente al rabí Hillel el Viejo: aquel que sostiene un alma es como si sostuviese el mundo entero.

berían causarle tanto dolor como si él fuese la víctima. Y lo mismo con su buena fortuna.

El quinto: «Él no mantiene su ira eternamente». Ésta es otra cualidad divina, según la cual, aunque el hombre se obstine en transgredir, el Santo, Bendito Sea, no persistirá en su ira, y si lo hace, no será para siempre, sino que permitirá que su ira vaya disminuyendo aunque el hombre no se arrepienta, como sucedió en los días de Jeroboam, hijo de Joash, cuando el Santo, Bendito Sea, restauró las fronteras de Israel.[9] Aunque eran impenitentes adoradores de becerros, Él se apiadó de ellos. ¿Por qué? Por esta cualidad de no mantener su ira eternamente. Al contrario, Él permite que su ira pierda intensidad incluso aunque la transgresión persista, y no castiga, sino que anhela compasivamente el arrepentimiento del hombre. Así como está escrito: «No estaré siempre batallando, ni guardaré rencor eternamente» (Isaías 57:16). El Santo, Bendito Sea, muestra rigor y ternura a Israel para el bien de su pueblo.

Ésta es la cualidad que un hombre debería adoptar en su relación con el prójimo, o con sus propios hijos: aunque pueda, no debe persistir en su amonestación, ni en su ira, sino ponerle fin y no mantenerla eternamente, incluso aunque esa ira estuviese justificada. Los rabinos expusieron un ejemplo en el versículo «Cuando veas el asno de tu enemigo caído...» (Éxodo 23:5). Explicaron que esta enemistad se refiere a la de

---

9. Se refiere a lo que leemos en 2 Reyes 14:23-30, donde se describe a Jeroboam como un monarca que «actuó mal a ojos de YHVH y no se apartó de las transgresiones». A pesar de su conducta, afligido por el padecimiento de su pueblo y en cumplimiento de la palabra dada a Jonás, YHVH reestableció «las fronteras de Israel desde la entrada de Hamat hasta el mar de Arabá».

LA PALMERA DE DÉBORA

un hombre que vio a su prójimo cometer una transgresión, pero su testimonio no fue válido ante el tribunal porque era el único testigo. En este caso, le estaría permitido aborrecer al transgresor por su ofensa. Pero, incluso en este caso, la Torá dice: «Te asegurarás de ayudarlo a levantarse» (Éxodo 23:5). Según los rabinos, esto significa que: «Dejarás a un lado lo que hay en tu corazón» (Pesajim 113b). Es un deber religioso animarlo afectuosamente y, tal vez, de esta manera de tratarlo, resulte algo positivo. Ésta es la misma cualidad de la que hemos hablado: «Él no mantiene su ira eternamente».

El sexto: «Porque Él desea la bondad». ¿Acaso no hemos explicado ya que en un lugar de la morada celestial hay ángeles preparados para recibir los actos de bondad que cada hombre lleva a cabo en el mundo y, cuando el rasgo divino de justicia se torna contra Israel, estos ángeles inmediatamente muestran esos actos de bondad al Santo, Bendito Sea, que se apiada de Israel, puesto que Él desea la bondad? E incluso siendo culpables, si se dispensan actos de bondad unos a otros, Él se apiada de ellos. Y es como el momento de la destrucción [del Templo de Jerusalén], cuando se le dijo a Gabriel: «Entra entre las ruedas…» (Ezequiel 10:2), puesto que suyos son el ministerio del juicio y del poder; y Él le dio permiso para recibir los poderes del juicio de entre las ruedas bajo los querubines, del fuego del altar. Este es el juicio del poder de la soberanía (*Maljut*). Y el juicio se intensificó hasta que amenazó con arrasar con todo: desarraigar la semilla de Israel, ya que se habían hecho merecedores de la destrucción. Y está escrito: «Y junto a los querubines, por debajo de sus alas, apareció la forma de la mano de un hombre» (Ezequiel 10:8). Y esto es lo que significa que el Santo, Bendito Sea, le dijese a Gabriel: «Están ofreciendo actos de bondad, unos a otros, e incluso aunque sean culpables, serán salvados y habrá un remanente de ellos». Y la razón la encontramos en este atributo: en tanto que Él es El Que Desea La Bondad, Él desea lo que Israel hace con bondad, y Él les toma en consideración esa parte, incluso cuando están actuando de forma contraria.

Así pues, lo apropiado para una persona es adoptar esta perspectiva. Si ve a una persona que le causa daño y lo enfurece, si esa persona tiene un lado bueno, si hace el bien a los demás o posee un rasgo bondadoso que desarrolla apropiadamente, ese lado debería ser suficiente para anular su ira hacia él, su corazón debería apaciguarse, y debería desear la bondad y decir: «Para mí es suficiente con esta bondad que tiene». Y tanto más con su esposa, como dijeron nuestros rabinos: «Ya es suficiente con que críen a nuestros hijos, y nos salven de nuestros pecados» (Yevamot 63a). Así, uno debería decir de cada persona: «Me basta con el bien que hizo por mí con tal cosa o que me hizo con tal otra, o con el rasgo cual que posee», porque deseará la bondad.

El séptimo: «Él se volverá a apiadar de nosotros». He aquí que el Santo, Bendito Sea, no se comporta del mismo modo que los seres de carne y hueso. Si lo enfurecen, aunque se apacigua, no regresa al amor anterior. Pero a ojos del Santo, Bendito Sea, una persona que transgrede y se arrepiente goza de mayor consideración. Así se entiende «el lugar que ocupan los penitentes, los que son completamente rectos no pueden ocuparlo» (Berajot 34b). En el capítulo *HaBoné* está explicado el motivo por el que la *he* se escribe como un pórtico: «Para que el que quiera salir de su mundo pueda salir» (Menajot 29b). La razón de esto es que el mundo fue creado con una *he*. Y el Santo,

Bendito Sea, creó el mundo abierto a la maldad y al pecado. No hay lugar que no albergue la posibilidad de la mala inclinación y el defecto. El mundo no está cercado, sino que tiene una amplia grieta, abierta en la dirección de la transgresión y el mal. En consecuencia, al que quiere extraviarse, le basta con no volverse en las muchas direcciones en las que no hay transgresión ni iniquidad que conducen al territorio de los exteriores (*jitzonim*). Pero también está abierto a lo elevado, de manera que, si uno se arrepiente, será recibido. Sobre esto, los rabinos se preguntaron: «¿Y acaso no deberían retornar por la puerta por la que se marcharon?». A lo que se respondieron: «Tal cosa no tendría efecto», de lo que se desprende que el transgresor arrepentido no debe contentarse con regresar de su transgresión al lugar en el que moran los perfectamente rectos, ya que a los que no han transgredido, les basta con un pequeño cercado para mantenerse alejados de la transgresión. En cambio, esa barrera no sería suficiente para el penitente. Éste requiere de nuevas y más complejas protecciones, ya que rompió ese pequeño cercado y, si volviese a acercarse a él, su mala inclinación lo tentaría fácilmente. Necesita mantenerse alejado de la transgresión. Así, no puede regresar por el pórtico por el que salió. Debe ascender para retornar por la abertura más estrecha [de la letra *he*], atormentándose y mortificándose, hasta que las brechas sean reparadas.

Por eso decimos «el lugar que ocupan los penitentes...», porque no entran por el mismo lugar que los rectos, sino que se han arrastrado y trepado hasta la abertura superior, y se han mortificado y se han separado de la transgresión mucho más que los rectos. De este modo, han ascendido hasta el nivel espiritual del Santo, Bendito Sea, que llamamos el quinto palacio[10] del Jardín del Edén, que es el tejado de la *he*, mientras que los rectos han accedido por el pórtico de entrada. Según esto, cuando una persona completa su arrepentimiento (*teshuvá*) –es decir, que la *he* regresa (*teshuv he*) a su lugar– no sólo regresa al primer amor que el Santo, Bendito Sea, sentía[11] por él, sino a un amor que se ha visto incrementado más y más. Tal es el significado de «Él se volverá a apiadar de nosotros», que aumentará su misericordia con Israel, la refinará y los acercará a Él.

Así es cómo debe comportarse una persona con su prójimo. No debe alimentar su odio con su ira pasada, sino que, cuando vea que su prójimo quiere amarlo, debe mostrarle mayor bondad y amor que antes. Debe decir: «He aquí que puede ser comparado con los penitentes cuyo lugar no puede ser ocupado por los perfectamente rectos». Y debe alentarlo con más ahínco que a aquellos que son perfectamente justos, es decir, a aquellos que no lo han ofendido.

El octavo: «Subyugará nuestras iniquidades». He aquí que el Santo, Bendito Sea, se comporta de este modo con Israel. Pues, he aquí que los preceptos divinos dicen «y mientras estaba brotando, florecieron sus pétalos», sin límite hasta entrar en

---

10. El valor guemátrico de la *he* es 5. Según la tradición cabalística (Zohar, Bereshit 39a), de los siete palacios que conforman el Jardín del Edén, el quinto corresponde aquellos que se han arrepentido honestamente de sus transgresiones, y a través de ese acto de redención han logrado convertir su falta en un mérito a ojos de YHVH y fortalecido sus almas.

11. Con este juego filológico, el rabí Cordovero alude una vez más al Zohar, donde los místicos explican que la he que aparece en el último lugar del nombre de YHVH actúa como una barrera que separa al ser humano de HaShem, y que fue colocada ahí a causa de las transgresiones del ser. Al hacer teshuvá, se vence esa barrera y se está más cerca del Santo.

su *Shejiná*. Las trasgresiones, sin embargo, no tienen cabida en ella, HaShem las subyuga de manera que no puedan entrar. Como está escrito: «El mal no morará contigo (*yegurjá*)» (Salmos 5:5) pues el mal no puede habitar en su morada (*megurjá*). Si esto es así, entonces la transgresión no tiene acceso a Su Presencia más íntima. Es por esto por lo que no hay recompensa en este mundo por cumplir con un precepto, ya que las buenas acciones se hallan en Su presencia. ¿Cómo podría Él dar la recompensa del mundo espiritual –de Su presencia– en el mundo material? He aquí que el mundo entero no es merecedor de uno solo de sus preceptos ni de su bienaventuranza espiritual.

Por eso mismo, él no acepta como soborno las buenas acciones. El Santo, Bendito Sea, no dice, por ejemplo: «Ha cumplido con cuarenta preceptos y transgredido diez. Esos diez cancelan diez de los que sí ha cumplido, lo que nos deja un saldo de treinta buenas acciones». En cambio, incluso un hombre perfectamente recto que cometa una sola transgresión es a los ojos del Santo, Bendito Sea, como alguien que ha quemado toda la Torá hasta que atienda su deuda, después de lo cual recibirá la recompensa por todas sus buenas obras. Esto es parte de la gran bondad con la que el Santo, Bendito Sea, trata a los rectos: Él no resta las buenas acciones, tan preciadas como son, sino que ascienden a su Bendita Presencia. ¿Cómo podría restarlos a cuenta de las transgresiones que hubiese cometido un hombre? El desierto de la transgresión es una porción del infierno, de aquello que es despreciable. Y la recompensa por cumplir los preceptos proviene de la estimada gloria de la *Shejiná*. ¿Cómo lo primero podría anular lo segundo? El Santo,

Bendito Sea, reclama como deuda las transgresiones y recompensa cada una de las buenas acciones.

El significado de «Subyugará nuestras iniquidades» es que, en Su presencia, las transgresiones no prevalecerán sobre las buenas obras, es más, las subyugará de manera que no logren ascender y entrar. Aunque Su providencia se extiende sobre todos los caminos del hombre, tanto los buenos como los malos, Él no subyuga el bien, sino que lo permite florecer y elevarse sin medida, y las buenas obras se suman a las buenas obras hasta que conforman un edificio cubierto con ropajes honorables. Las transgresiones, en cambio, no poseen esta propiedad, ya que Él las reprime para que no logren el éxito de acceder a Su más íntima presencia.

Esta cualidad también debe hacerla suya el ser humano: no debe subyugar el bien que ha hecho su prójimo ni recordar el mal que ha llevado a cabo. Al contrario, debe subyugar el mal, olvidarlo y rechazarlo, para que no habite en él. Pero el bien que su prójimo haya hecho debe tenerlo siempre presente y recordarlo para que prevalezca sobre cualquier otra acción de su prójimo. Y no debe atenuar en su corazón diciéndose: «Si me ha hecho bien, también me ha hecho mal», de modo que el bien quede olvidado. No debe hacer esto con respecto al mal que su prójimo le haya causado, sino que debe apaciguarse tanto como le sea posible. Si bien ha de relegar el mal, en cambio, no debe perder de vista el bien, tal como lo hace el Santo, Bendito Sea, que, como hemos explicado, subyuga la iniquidad.

El noveno: «Y arrojará todas nuestras transgresiones a las profundidades del mar». Ésta es una buena cualidad del Santo, Bendito Sea. He aquí que, cuando Israel transgredió, Él los puso en manos de faraón. Pero cuando se arrepintieron, ¿por qué hubo de castigar al faraón, a Senaquerib, a Amán, o cualquier otro? El Santo, Bendito sea, no se contenta con decir: «Porque se han arrepentido, no les sobrevendrá más mal, sino que Amán o el faraón o Senaquerib serán quitados de ellos». Esto no es suficiente, pero los actos de Amán caerán sobre sí mismo, y así también con el faraón y con Senaquerib. La razón de este tipo de designio se encuentra en el secreto de «Y el chivo expiatorio cargará sobre sí todas sus iniquidades hasta una tierra deshabitada» (Levítico 16:22). El significado es que el chivo cargaba con esos pecados literalmente. Esto es difícil de entender, pues, ¿por qué debería el chivo cargar con los pecados de Israel? La idea subyacente es que el hombre confiesa su pecado con intención de purificarse a sí mismo, como dijo David: «Límpiame de mi iniquidad» (Salmos, 51:2) y como también decimos en nuestra oración «Purga mis transgresiones con Tu eterna misericordia».[12] Reza para que el castigo sea leve y de ese modo no interfiera en su estudio de la Torá. La oración también dice: «Pero que no sea por una gran aflicción».[13] Ésta es también su intención cuando dice: «Pero Tú eres justo en todo lo que ha acaecido sobre nosotros» (Nehemías 9:33). El ser está dispuesto a aceptar el sufrimiento si va a conducirlo a la expiación, porque hay pecados que sólo el sufrimiento o la muerte pueden purgar. Y así está establecido. El Zohar, en la sección *Pekudé*, explica que, después de su confesión, los pecados pasan a formar parte de Samael,[14] como sucede con el chivo expiato-

---

12. Refiere a uno de los rezos de Yom Kippur.
13. En el servicio diario matutino.
14. Samael, pese a su origen angélico, está asociado con la transgresión y el Lado Izquierdo en la tradición mística. Un midrash explica que se unió a la primera esposa de Adán, Lilith, y engendraron demonios, entre

rio. ¿De qué manera? El Santo, Bendito Sea, decreta sufrimiento sobre el transgresor arrepentido, a lo cual aparece Samael inmediatamente para reclamar su deuda. Sin embargo, es el chivo expiatorio quien carga en realidad con esas transgresiones, así el Santo, Bendito Sea, le permite cobrarse la deuda de las transgresiones de los israelitas, y así estos quedan purificados. La razón de esto es que el Santo, Bendito Sea, decretó que, en Su mundo, quien atacase a Israel será desprovisto de su identidad. Por eso las Escrituras dicen «Y también deberá matarse al animal» (Levítico 20:15). Y lo mismo es aplicable a las piedras que se utilicen para aplicar la sentencia sobre el criminal y la espada con la que se realice la ejecución, que son enterradas para anular su existencia y su poder después de que se haya hecho justicia.

De la misma manera debemos entender el secreto de la imagen de Nabucodonosor. Israel había sido puesto en manos del rey de Babilonia, cuya «cabeza era de oro». Esa cabeza fue herida, y fueron entonces puestos en manos de los persas, cuyos «pechos y brazos eran de plata». Y así un reino es conquistado por otro reino, hasta que Israel estará a los pies de la imagen, «en parte de hierro y en parte de arcilla». ¿Cuál será el bien en que concluya todo esto? Que el Santo, Bendito Sea, los establecerá y dictará un juicio favorable sobre ellos. Como está escrito: «Gastaré Mis flechas en ellos» (Deuteronomio 32:23), lo que implica que «Mis flechas se acabarán, pero no Israel, que perdurará a pesar de las calamidades» (*Sota* 9a). «Y así fueron desmenuzados el hierro, la arcilla, el bronce, la plata y el oro» (Daniel

---

ellos Asmodeo, la espada de Samael. Es también asimilado a Azazel, que en hebreo significa «chivo que se marcha», como el chivo expiatorio. Samael o Azazel es aquel que carga y se alimenta de las transgresiones.

2:35), y aún antes está escrito «he aquí que hirió la imagen en sus pies de hierro y de arcilla, y los desmenuzó» (Daniel 2:34), y no quedó nada de la imagen excepto sus pies, porque la cabeza, los hombros y el vientre habían sido destruidos y desprovistos de su poder. Con todo, fueron «desmenuzados juntos», pues el Santo, Bendito Sea, está destinado a levantar a Samael y los malvados que actúan como él para juzgarlos. Éste es el significado del atributo «Y arrojará todas nuestras transgresiones a las profundidades del mar». Es decir: arrojará el poder de Su juicio (*din*) de manera que caiga sobre aquellos que son descritos como «las profundidades del mar», tal como se dice «Los malvados son como el mar agitado porque no pueden descansar, y sus aguas arrojan cieno y lodo» (Isaías, 57:20). Estos son los malvados que ejecutan su juicio sobre el pueblo de Israel y cuyos actos pesarán sobre sus propias cabezas. La razón de esto es que cuando Israel es castigado, el Santo, Bendito Sea, se retracta de haberles enviado ese castigo y alaba la vergüenza que han padecido. Y no sólo eso, sino que «cuando Yo estaba un poco enojado, ellos ayudaron para mal» (Zacarías 1:15).

Ésta es la cualidad que uno debe hacer suya: incluso si su prójimo es aplastado por el sufrimiento como resultado de sus transgresiones, no debe odiarlo, en tanto que después de haber sido castigado, es como «tu hermano» (Deuteronomio 25:3). Debe acoger a los que sufren y son castigados y tener misericordia de ellos. Al contrario, debe salvarlos de sus enemigos y no debe decir: «Sus sufrimientos son el resultado de sus transgresiones», sino que debe tener compasión de ellos según esta cualidad.

El décimo: «Y concederás verdad a Jacob». Este atributo significa que el nombre de Israel remite a una excelencia singular.[15] Pero las personas corrientes que se ciñen a la literalidad de la ley son llamadas Jacob, porque se comportan de acuerdo con la verdad. El Santo, Bendito Sea, posee un atributo de verdad, que está relacionada con Sus estrictas justicia y rectitud. Por aquellos que se comportan de acuerdo con la verdad, el Santo, Bendito Sea, siente compasión en virtud de la verdad y la rectitud.

Un hombre también debe comportarse en verdad y rectitud con su prójimo, sin pervertir la justicia. Debe compadecerse de su prójimo en verdad, así como el Santo, Bendito Sea, se compadece de aquellas de Sus criaturas que no son más que corrientes, para perfeccionarlas de acuerdo con el atributo de verdad.

El decimoprimero: «Misericordia con Abraham». Con los que van más allá de literalidad de la ley, como lo hizo Abraham, nuestro patriarca, el Santo, Bendito sea, se comporta con ellos también más allá de la literalidad de la ley. No hace caer sobre ellos toda la fuerza de su justicia, no se comporta con ellos de forma estricta, sino que va más allá de la literalidad de

---

15. Israel es el nombre que se emplea en la Torá cuando se quieren destacar las cualidades espirituales de Jacob. El rabino aragonés Bahya ben Asher nos invita a comprender esta distinción a través de uno de sus comentarios al libro del Génesis (25:27), donde el patriarca es referido todo el tiempo como Jacob en lo que dura su riña con su hermano Esaú, mientras que durante su batalla con el ángel recibe por primera vez el nombre de Israel. Al mismo tiempo, el sabio sefardí hace notar que el obstinado y tosco Esaú «fue llamado así en el momento de su nacimiento y hasta el momento de su muerte», mientras que el patriarca sí recibió un nuevo nombre que reflejaba las cualidades que había adquirido «como hombre de verdad».

la ley, tal como hacen ellos. Eso significa «Misericordia con Abraham», que el Santo, Bendito Sea, se comporta con misericordia con aquellos que se comportan como lo hizo Abraham. El ser humano debe hacer suya esta cualidad. Aunque debe comportarse con equidad, justicia y rectitud con todos los seres humanos, debe ir más allá de la literalidad de la ley cuando trata con personas buenas y piadosas. Si tiene poca paciencia con los demás, debe ser extremadamente paciente con ellos y mostrarles compasión, yendo más allá de la literalidad de la ley que aplica en su trato con el resto de los individuos. Estos deberían ser para uno especialmente importantes y extremadamente amados, y deberían estrechar lazos con ellos.

El decimosegundo: «Como juraste a nuestros padres». Hay personas que aun sin merecerla, reciben la misericordia del Santo, Bendito Sea. La Guemará lo explica a partir del versículo: «Seré misericordioso con quien seré misericordioso» (Éxodo 33:19). Igual que el Santo, Bendito Sea, dice: «Este granero es para aquellos que no son dignos».[16] Hay un depósito de gracia del cual el Santo, Bendito Sea, les concede un regalo inmerecido. Porque el Santo, Bendito Sea, dice: «He aquí que poseen el mérito de sus padres. He hecho un juramento a los Patriarcas, por lo tanto, aunque no sean dignos, recibirán su recompensa

---

16. El rabino Louis Jacobs sostiene que Cordovero debió incluir esta mención inspirado por Berajot 7a, aunque no aparezca en el pasaje ninguna referencia a un almacén o granero. Otros comentaristas optan por hablar de un tesoro en lugar de un granero o almacén. El hebreo original emplea el término «אוֹצָר», que puede ser entendido de ambas formas en nuestra lengua. En cualquier caso, remite a algo positivo (abundancia, alimento, riqueza) que es concedido por YHVH incluso a quien no es merecedor de ello.

porque son la simiente de los Patriarcas. Así que, incluso aunque sean indignos, recibirán su recompensa porque son descendientes de los Patriarcas, Patriarcas a quienes he jurado. Así, Yo los conduciré y los guiaré hasta que mejoren».

También de este modo debe comportarse el ser humano. Incluso cuando se encuentra con personas malvadas, no debe comportarse con crueldad hacia ellas, ni insultarlas, sino apiadarse de ellas y decir: «Y aun así son hijos de Abraham, Isaac y Jacob. Si ellos no son dignos, sus padres sí fueron dignos y rectos, y el que avergüenza a los hijos avergüenza a los padres, y no deseo que los padres se sientan despreciados por mí». Y debe ocultar su vergüenza y ayudarlos a mejorar tanto como esté en su mano.

El decimotercero: «Desde antaño». Éste es el atributo mediante el cual el Santo, Bendito Sea, conduce su relación con el pueblo de Israel. Por ejemplo, cuando el mérito de los padres se ha agotado y ellos son indignos, ¿qué hace Él? Está escrito que: «Me he acordado de ti, de la fidelidad de tu juventud, del amor de tu desposorio, cuando andabas en pos de mí en el desierto, en tierra no sembrada» (Jeremías 2:2). Por supuesto, el Santo, Bendito Sea, recuerda todas las buenas obras que han hecho desde el día de su nacimiento y todas las buenas cualidades con las que el Santo, Bendito Sea, controla el mundo. Por todo esto surge en Él una piedad especial que lo lleva a mostrarles misericordia. Este atributo engloba todos las demás, como explica la *Idra*.

También de este modo debe comportarse un ser humano. Aun cuando no encuentre ninguna de las razones ya mencionadas, debe decir: «He aquí que hubo un tiempo en que no habían transgredido. Y en ese tiempo o en esos días de antaño eran dignos». Y debe recordar el bien que han hecho en su juventud y recordar el amor de «los que son destetados» (Isaías 28:9).[17] De esta forma comprenderá que ningún hombre debe ser considerado indigno de ser tratado con bondad, ni indigno de que se ore por él, ni de que se le muestre misericordia.

Hasta ahora hemos expuesto los trece atributos a través de los que el ser humano debería tratar de asemejarse a su Creador. Se trata de una misericordia trascendente, su singularidad reside en que el ser que se conduzca a través de ella aquí Abajo será digno de recibirla Arriba.[18] Según se comporte en este mundo, así será lo que reciba de las alturas e iluminará la tierra. Así, estos trece atributos no deberían apartarse de su mente y el versículo[19] no debería apartarse de su boca, para recordarlos permanentemente. Y cada vez que se presente la oportunidad de conducirse según uno de estos, recordará y se dirá a sí mismo «Mira, esto depende de este atributo, y no me apartaré de él para que su virtud no se oculte y se aparte del mundo».

---

17. Isaías 28:9-10 aclara quiénes son estos destetados: aquellos a los que poco a poco debe enseñarse la ciencia y hacer entender las profecías.

18. Vemos aquí, y se repetirá en diversas ocasiones a lo largo del texto, esa proposición espejada entre el reino de Arriba y el de Abajo, que se verá popularizada por el texto de la Tabla Esmeralda, que en su segundo precepto indica: «Lo que está más abajo es como lo que está arriba». De forma esencial, comunica que cualquier acción terrenal tiene su efecto en los Cielos, y viceversa.

19. Según el rabino Louis Jacobs, se refiere a Miqueas 7:18-20.

CAPÍTULO II

SOBRE LAS CUALIDADES DE KÉTER

Para que el hombre se asemeje a su Creador según el secreto de *Kéter*, la Corona Superior, debe comportarse también según las principales cualidades de la conducta (*Hanhagá*) divina.

I) La cualidad de la humildad comprende todas las cualidades, pues pertenece a *Kéter*, que es el atributo superior. Y aun siendo así, no se eleva por encima de las demás, sino que desciende y mira hacia abajo en todo momento. Esto obedece a dos razones. La primera es que siente vergüenza de mirar a su Fuente, sin embargo, la Causa de su emanación mira constantemente a las que están por debajo y las atiende. Así también, el ser humano debe avergonzarse de mirar hacia arriba y vanagloriarse, y debe mirar hacia abajo para empequeñecerse tanto como le sea posible.

Esta cualidad depende, sobre todo, de la cabeza, pues el arrogante levanta la cabeza hacia el cielo mientras que el humilde la agacha. He aquí que no hay nadie tan paciente y tan humilde como HaShem cuando actúa conforme al atributo de *Kéter*, pues posee una perfecta misericordia ante la que no existe defecto, transgresión, juicio ni ninguna otra cualidad que le impida proveer continuamente bondad y abundancia. Así debe comportarse el ser humano, al que ninguna causa debe impedirle hacer el bien a los demás; en todo tiempo y en todo momento debe impedir que la transgresión o la iniquidad de personas indignas lo priven de hace el bien a todos los que lo necesitan.

Así como Él provee tanto al búfalo cornudo como a la camada de alimañas sin despreciar a ninguna criatura –pues si Él despreciara a Sus criaturas debido a su insignificancia, no podrían existir ni por un momento–, mostrando misericordia a todos ellos, así el ser humano debe ser bueno con todas las criaturas, sin despreciar a ninguna, e incluso la más insignificante debe cobrar importancia a sus ojos y debe preocuparse por ella. El ser humano debe hacer el bien a todos los que necesitan de su bondad. Esta cualidad depende de *Kéter*, según el secreto de lo que representa la cabeza en su conjunto.

II) Sus pensamientos deben asemejarse a los pensamientos de *Kéter*. Así como la sabiduría (*Jojmá*) no deja de tener buenos pensamientos, en los que no deja penetrar el mal ni los juicios rigurosos, puesto que es misericordia perfecta, así también la mente del hombre debe estar libre de todo mal pensamiento. Y así como esto constituye el secreto de *Jojmá* –la Torá Preexistente– y así contiene todos los secretos de la Torá, así el hombre no debe permitir que su mente se vuelva a ningún otro pensamiento que no sea la Torá y la contemplación de la majestad y la bondad del Santo, Bendito Sea, su forma de hacer el bien… En resumen: nada extraño ni negativo debe estar presente en los pensamientos del ser humano. Éste era el estado elevado de rabí, Shimón [bar Iojai] y su grupo. Y fue por eso que rabí Shimón reprendió a rabí Yoshi (como se registra en El Zohar, sección *Vayakhel*) cuando este último separó mínimamente su pensamiento de la Torá.

III) Su frente no debe ser dura, sino que debe parecerse en todo momento a la frente de la Voluntad (*Metzaj haRatzón*) y debe complacerse en aceptar a todos. Cuando uno se encuentra con quienes quieren provocarlo, debe apaciguarlos y acallarlos mediante su buena voluntad. Porque la frente de la Voluntad acepta y aplaca constantemente la dureza y la perfecciona. Del mismo modo, el ser humano también debe apaciguar a aquellos cuya ira prevalece y debe guiarlos con buena voluntad, recurriendo a una gran sabiduría para debilitar su ira y evitar así que sobrepasen sus límites y causen daños, HaShem no lo quiera. Debe comportarse como la Voluntad Suprema, que procede de la maravillosa Sabiduría de la frente del Anciano (*Atiká*),[1] que acepta a todas las criaturas. Además, debe poder ser agradable a todas las criaturas, ya que si su carácter presenta alguna aspereza para con los seres humanos no tendrá éxito en la tarea de la total aceptación. Por este mismo motivo la Mishná enseña que aquel en quien el espíritu de sus semejantes encuentra deleite, el espíritu del Omnipresente también se deleita.

IV) Sus oídos deben estar siempre inclinados a oír palabras bondadosas, pero no deben dar entrada a vacuidades o vilezas, del mismo modo que la Escucha Suprema no da cabida al clamor que exige un juicio severo, ni a las palabras maledicentes. Así, el ser humano también debe escuchar solo cosas buenas y

---

1. Nombre que procede de la expresión *Atik Yomin*, traducida usualmente como «el Anciano de los Días».

útiles; sin atender de ningún modo a aquellas que hagan prevalecer la ira. Así como la serpiente, sus palabras y su discurso no tienen entrada Arriba, así nada que sea malo debe entrar en el oído del ser humano. Éste es el significado de «No admitirás falso rumor» (Éxodo 21:3); cuanto más otras vilezas. Éstas no deben entrar de ninguna manera en su oído, que debe escuchar solo cosas buenas.

V) Sus ojos no deben fijarse en ninguna cosa vil. Sin embargo, deben estar siempre abiertos para percibir el sufrimiento y poder mostrar misericordia a quienes lo padecen. De ninguna manera debe cerrar los ojos cuando ve el sufrimiento de los necesitados, sino que debe pensar en su situación tanto como le sea posible, y despertar la piedad del Cielo y de sus semejantes sobre ellos. Debe alejar su mirada de la contemplación del mal, así como el Ojo Supremo está siempre abierto para observar constantemente el bien.

VI) De su nariz nunca debería emanar una furia ardiente,[2] sino que debe haber en todo momento vitalidad, buena voluntad y gran paciencia incluso para los indignos. Debe desear en todo momento cumplir los deseos de todos, conceder todas las peticiones y reconfortar a los que sufren. De su nariz debe proceder el perdón de las transgresiones y de la iniquidad. No debe enojarse con los que lo ofenden, sino que debe estar constantemente dispuesto a ser apaciguado y desear llevar a cabo actos de bondad que regocijen a todos.

---

2. Recuerda a la imagen paródica del hombre furioso que echa humo por los orificios nasales. Rabí Cordovero parece aludir al doble sentido de la expresión hebrea *érej apáim*, que si bien significa «paciencia», puede ser traducida de forma literal como «prolongación de narices».

VII) Su rostro debe brillar constantemente, para recibir a todos los hombres con un semblante amable. Porque con respecto a *Kéter* se dice: «En la luz del rostro del Rey se halla vida» (Proverbios 16:15), y no admite aspereza ni juicio. Así debe brillar la luz en el rostro del ser humano, de manera que si alguien lo contempla encuentre sólo alegría y amabilidad, y nada debe evitar que sea de tal modo.

VIII) De su boca solo deberían salir buenas palabras, un discurso procedente de la Torá y palabras que hagan bien a los demás. De ninguna manera deben salir de ella palabras vergonzantes, maldiciones o furia. La del ser humano debería asemejarse a esa Boca Suprema que nunca se cierra, sino de la que constantemente emana el bien. Por tanto, no debe uno dejar de nombrar las cosas buenas, haciendo fluir de su boca palabras de bondad y de bendición.

He aquí que éstas son las ocho buenas cualidades, todas ellas con la rúbrica de la humildad, que se corresponden con los ocho órganos superiores de *Kéter*. El hombre que desee acercarse a los Mundos Superiores –para parecerse a Él y abrir las fuentes celestiales de bendición a los que están Abajo–, debe estar versado en lo que se ha expuesto en estos dos primeros capítulos.

Por supuesto, sabemos que es imposible comportarse todo el tiempo siguiendo estas cualidades, porque hay otras cualidades en las que el ser humano tiene que estar también versado, cualidades de las que ya daremos explicación. Sin embargo, hay días en que estas cualidades menores no rigen y los hombres no tienen necesidad de ellas, porque son días en los que reina *Kéter*, o es un tiempo en que se requiere la acción de *Kéter*. Entonces es necesario recurrir a todas las cualidades que hemos mencionado. Las otras cualidades, sin embargo, aunque serán necesarias para servir a la Divinidad en otro momento, en esos días no se recurre a ellas porque quedan anuladas por la luz de *Kéter*. Así, el hombre no debe recurrir a esas cualidades menores. En *shabat*, por ejemplo, cuando el mundo se endulza de acuerdo con el secreto del deleite y los tribunales no se sientan a juzgar, debe usar todas estas cualidades para abrir las Fuentes Superiores.

Porque si en sus oraciones un hombre dirige sus pensamientos a la luz de *Kéter*, pero se comporta de manera contraria a ellos en sus acciones, ¿cómo va a abrirse la Fuente de *Kéter* si en realidad la cierra con sus obras? Veamos un argumento *kal vejomer*: si *Kéter* no pudiese morar en las *sefirot* superiores por causa de los juicios y la ira del Santo, Bendito Sea, ¿cómo iban *Kéter* y su luz a morar en una persona que despierta la ira de los demás, incluso aun cuando sea por bien del Cielo? Sobre todo, si esa persona reclama la acción de esas *sefirot*, que dirán: «¡Qué insolente! La luz de *Kéter* no se revela en nosotras por nuestro santo y puro juicio, pero éste exige que se revele en él a pesar de su ira y sus malas acciones». Es por ello por lo que uno debe concentrarse en todas estas cualidades durante las festividades, en *shabat*, en Yom Kippur, al rezar y al estudiar la Torá, en tanto que constituyen momentos apropiados para revelar la Voluntad Suprema, y no para aplicarse a las cualidades menores. Habrá otras ocasiones en las que deba recurrir a esas otras cualidades para servir al Santo, Bendito Sea, pero nunca debe aplicarse a las cualidades indignas, pues eso siempre resulta lesivo para el ser humano, como explicaremos. En cambio, si recurre a estas cualidades, estará confiado y seguro de que se abrirán las Fuentes Superiores. Así es necesario que cada hombre se acostumbre, poco a poco, a practicar estas virtudes. Y la cualidad que debe hacer suya principalmente es la humildad, ya que es la clave de todas las otras, la principal de todas ellas, el primer aspecto de *Kéter*, que contiene todos los demás.

Y he aquí que la humildad significa, sobre todo, que el hombre no halla ningún valor en sí mismo, sino que se valora a sí mismo como nada. Como fue dicho: «¿Qué somos, para que murmuréis contra nosotros?» (Éxodo 16:7), tanto así que a sus propios ojos es la más baja de las criaturas, una lamentable y despreciable. En el momento en que llegue a adquirir esta cualidad, el resto de buenas cualidades le llegarán como consecuencia, pues la primera cualidad de *Kéter* es considerarse nada ante Aquel de Quien Emana. Así, uno debe considerarse a sí mismo como nada y su inexistencia como una posibilidad mejor que su existencia.[3] En consecuencia, se comportará con quienes lo ofenden como si tuvieran razón y él fuese el malhechor. De este modo adquirirá las buenas cualidades.

Y he aquí que he encontrado un remedio por el cual uno puede acostumbrarse poco a poco a estas cosas, curarse de la enfermedad del orgullo y traspasar el umbral de la humildad. Es un ungüento compuesto por tres elementos: el primero es la costumbre de huir del honor tanto como le sea posible, pues si permite que se le hagan honores, se acostumbrará a ellos y le proporcionarán satisfacción, por lo que le será difícil curarse. El segundo es domar sus pensamientos para tener presente su

---

3. Para comprender esta afirmación, aparentemente controvertida, extraña, debemos recurrir al Talmud (Julin 89a) donde los sabios afirman «El mundo perdura gracias a aquel que se pone a sí mismo como si no existiera», es decir, que el mundo pervive en virtud de aquellos humildes y generosos que no se anteponen a los demás.

falta de valor, diciéndose «¿Qué importa que los demás ignoren mis defectos? ¿Acaso no sé yo cuán miserable soy en tal y tal cosa, ya sea mi falta de conocimiento o de voluntad, mi baja necesidad de tomar alimentos o de defecar?», y así sucesivamente hasta que se vuelva despreciable ante sí mismo. El tercero es pensar constantemente en sus transgresiones, deseando para sí pureza y reprensión y sufrimiento. Debe decirse: «¿Qué sufrimientos debo imponerme que no me aparten del servicio al Santo, Bendito Sea?». No hay ninguno mejor que ser insultado, despreciado y vilipendiado, porque no le quitará fuerzas ni lo hará enfermar, ni lo privará de alimento o vestido, ni acabará con su vida o la de sus hijos. Por ello uno debe desearlo y decirse: «¿Por qué iba a querer afligirme con ayunos, con el cilicio o con el flagelo, si debilitan la fuerza con la que sirvo al Santo, Bendito Sea? Es mucho mejor que sufra el desprecio y las injurias de los hombres, ya que no me restan fuerza ni me debilitan». De esta manera, cuando lo insulten, se regocijará en ello y lo deseará. Con estos tres ingredientes debe componer un ungüento para su corazón y aplicárselo todos los días.

Conozco otro remedio, aunque no tan efectivo como el anterior. Consiste en que el ser humano se entrene para hacer dos cosas: en primer lugar, honrar a todas las criaturas, en quienes debe reconocer la naturaleza exaltada del Creador, que en su sabiduría moldeó al ser humano. Y así también con el resto de criaturas, en las que también reside la sabiduría del Creador. Debe aprender a apreciar que todas son dignas de ser honradas, ya que proceden de la sabiduría del Creador, y si el ser humano las desprecia, el Santo, Bendito Sea, no lo quiera, está despreciando también al Creador. Podríamos compararlo con la situación en que un artesano habilidoso que hubiese moldeado un vaso con gran habilidad lo mostrase a los hombres, y uno de ellos se burlase y lo despreciase. ¿No se enojaría ese artesano porque al despreciar la obra de sus manos estaría despreciando su sabiduría? A ojos del Santo, Bendito Sea, también es malo cuando se desprecia a una de Sus criaturas. Así está escrito: «¡Cuán innumerables son tus obras, oh Señor!» (Salmos 104:24). Sin embargo, el versículo incide en un sentido cualitativo [usa el término *rabu*], como si remitiese a «El señor [*rav*] de su casa» (Esther 1:8), para referir su importancia. De hecho, el salmo prosigue: «Las has hecho todas ellas con sabiduría», lo que significa que Su sabiduría está en ellas, y eso las hace invaluables y señoriales. Por esto es conveniente que uno aprecie en ellas sabiduría y no las desprecie.

En segundo lugar, debe llevar el amor al prójimo en su corazón, profesándoselo incluso a los malvados, como si fuesen sus hermanos o incluso más, hasta que ese amor al prójimo quede fijado en su corazón. En su corazón debe albergar amor incluso a los malvados, diciéndose: «Ojalá estos fuesen justos y se arrepintiesen, para que fuesen todos grandes personas, dignas ante el Omnipresente», como fue dicho por el fiel amante del pueblo de Israel: «Ojalá todo el pueblo del Señor fuesen profetas» (Números 11:29). ¿Cómo podría uno llegar a amarlos? Centrando su pensamiento en las buenas cualidades que poseen, cubriendo sus defectos y negándose a posar la mirada en sus faltas. Debería uno decirse a sí mismo: «Si este pobre hombre fuese rico, cuánto me deleitaría con su amistad, tal como me deleito con la de tal otro. Es más, si lo vistiesen con mejores ropas, como las que viste tal otro, no habría diferencia entre ellos. Siendo así, ¿por qué debería carecer de honor a mis ojos? Si a los ojos del Eterno, él es superior a mí, en tanto que se encuentra afligido y en la pobreza, y limpio de iniquidad, ¿por qué debo odiar a quien el Santo, Bendito Sea, ama? De esta manera el corazón del hombre se volverá hacia el bien y se acostumbrará a reflexionar sobre todas las buenas cualidades que hemos mencionado.

CAPÍTULO III

SOBRE LAS CUALIDADES DE JOJMÁ

¿Cómo debe una persona acostumbrarse a actuar para poseer la cualidad de la sabiduría (*Jojmá*)? He aquí que la *Jojmá* Suprema, aunque muy escondida y sublime, está extendida entre todas las criaturas. Así se nos dice: «¡Cuán innumerables son tus obras, oh Señor! Las has hecho todas ellas con sabiduría» (Salmos 104:24). Por lo tanto, compete al hombre preparar su sabiduría para que sea en beneficio de todos. Cada uno, según sus facultades, debe actuar como un maestro para los demás y aportarles lo que pueda de su sabiduría, sin permitir que nada se interponga en esta tarea.

Pero he aquí que *Jojmá* tiene dos caras. Su rostro superior se vuelve hacia *Kéter*, no mira hacia Abajo, sino que recibe desde Arriba. La segunda cara, la inferior, se vuelve hacia Abajo para atender al resto de *sefirot*, emanando sobre ellas su sabiduría. De ello se infiere que el ser humano debe tener también dos rostros: el primero debe consistir en su relación íntima con el Creador, para añadir a él la sabiduría que, el Santo, Bendito Sea, le ha proporcionado; el segundo debe consistir en comunicar al resto de personas esa sabiduría que el Santo, Bendito Sea, le ha proporcionado. Y así como *Jojmá* se derrama sobre cada *sefirá* según su medida y sus necesidades, así debe comportarse cada persona con las demás, según las capacidades de su mente, la cantidad de conocimiento que pueda soportar y lo que le convenga. Debe tener cuidado de no dar más de lo que la mente del receptor puede contener para que no ocurra ningún daño, del mismo modo que la *sefirá* superior nunca ultrapasa la cantidad establecida por los límites de la receptora.

Además, forma parte de la naturaleza de *Jojmá* proveer para todo lo que existe, ya que es un pensamiento dedicado a pensar todo lo existente. Sobre esto, fue dicho: «Porque mis pensamientos no son vuestros pensamientos» (Isaías 55:8); «Sino que piensa para no alejar de Él al desterrado» (II Samuel 14:14), y también «Porque he conocido los pensamientos que tengo acerca de vosotros, pueblo de Israel; pensamientos de paz, y no de mal, para daros un porvenir y esperanza» (Jeremías 29:11). Así es que los ojos de uno deben estar atentos al comportamiento del pueblo de Dios para beneficiarlo. Y sus pensamientos deberían acercar a sí a los desterrados, y tener buenos pensamientos hacia ellos. De la misma manera que *Jojmá* piensa en cómo beneficiar a las criaturas, uno debería pensar en el beneficio del prójimo y aconsejarlo hacia Dios y hacia Su pueblo, tanto en lo particular como en lo general. El ser humano debe reconducir al que se aparta de las buenas costumbres hacia un comportamiento recto, y pensar en cómo guiarlo y devolverlo a las acciones buenas y justas, tal como la *Jojmá* Suprema endereza al hombre superior.

Además, *Jojmá* preserva la vida de todas las cosas, como está escrito: «Mas la sabiduría excele en que da vida a sus poseedores»

(Eclesiastés 7:12). De este modo, el ser humano debe instruir a los demás en el camino de la vida y ayudarlos a experimentar tanto esta vida como la del mundo venidero, proporcionarles estos medios para vivir. Tal es el principio general: debe hacer fluir la vida a todos.

Además, *Jojmá* es también un padre para todo lo existente, como está escrito: «¡Cuán innumerables son tus obras, oh Señor! Las has hecho todas ellas con *Jojmá*» (Salmos 104:24), y es por ello por lo que viven y perviven. De este modo, uno también debe ser un padre para todas las creaciones del Santo, Bendito Sea, y para el pueblo de Israel, ya que las almas de estos emanan directamente de Él. Debería buscar siempre la misericordia y la bendición para el mundo –del mismo modo que el Padre es misericordioso con todas Sus criaturas– y orar siempre por el alivio de los afligidos como si fuesen sus propios hijos, como si él los hubiese engendrado. Tal es la voluntad del Santo, Bendito Sea, como leímos cuando el pastor[1] le dijo: «¿Acaso concebí yo a todo este pueblo? ¿Lo engendré yo, como para que me digas: 'Llévalo en tu seno, como lleva la que cría al que mama, a la tierra de la cual juraste a sus padres'?» (Números 11:12). Esto significa que debía velar a todo el pueblo del Santo como una nodriza vela a un infante. Uno debe ser como un pastor «que apacentará su rebaño; en su brazo llevará los corderos, y en su seno los llevará y pastoreará suavemente a las recién paridas» (Isaías 40:11). Uno debería tener presentes a los invisibilizados, buscar a los jóvenes, sanar a los quebrantados, sostener a los necesitados y reconducir a los extraviados. Debería tener misericordia del pueblo de Israel y llevar su carga con un

---

1. Moisés, que más adelante también será referido como «el pastor fiel».

semblante agradable, como el Altísimo Misericordioso, que todo lo tolera y no se marchita, ni ignora, ni se cansa, sino que carga con cada uno de acuerdo a sus necesidades. Éstas son las cualidades de *Jojmá*, el padre que es misericordioso con sus hijos.

Además, su misericordia se extiende sobre todas las criaturas, sin destruir ni despreciar a ninguna de ellas, porque la *Jojmá* Suprema se extiende tanto sobre los minerales, como sobre las plantas, los animales y los humanos. Es por ello por lo que se nos advierte que no debemos despreciar la comida. La piedad del ser humano debe extenderse sobre todas las obras del Bienaventurado, del mismo modo que la *Jojmá* Suprema no desprecia ninguna cosa creada porque todas manan de esa Fuente, como está escrito: «Las has hecho todas ellas con sabiduría» (Salmos 104:24)-

Ésta es la razón por la cual nuestro santo maestro[2] fue castigado por no tener piedad del becerro que trató de esconderse junto a él, diciéndole: «Ve, para esto fuiste creado» (Baba Metzia 85a). Debido a esta acción padeció sufrimientos derivados de un juicio (*din*) ya que es la misericordia la que actúa como escudo ante el rigor. En cambio, cuando se compadeció de la comadreja y dijo «Está escrito: 'Y con ternura cuida de todas sus obras'» (Salmos 145:9), se libró del juicio porque atrajo sobre sí la luz de *Jojmá* y fue liberado de sus sufrimientos. De esto se infiere que uno no debe despreciar ninguna cosa que haya sido creada, en tanto que todas fueron creadas en *Jojmá*. No debe arrancar de raíz nada que crezca, a menos que sea necesario, ni matar a ningún ser vivo, a menos que sea necesa-

---

2. Rabí Yehudá HaNasí.

rio. En tal caso, debe proporcionarles una buena muerte, con un cuchillo cuidadosamente examinado. Tener piedad de todas las cosas y no herirlas es lo que se desprende de *Jojmá*, a menos que sea para elevarlas de planta a animal y de animal a humano,[3] caso en el que está permitido arrancar la planta y matar a la bestia, para sacar mérito de demérito.

---

3. Refiere de forma poética a la cadena alimenticia en un sentido clásico: la planta para alimentar al animal, el animal para alimentar al ser humano. Sólo con el objetivo de sustentar una vida, siguiendo este orden, está permitido cobrarse una vida según lo que expone aquí rabí Cordovero.

CAPÍTULO IV

SOBRE LAS CUALIDADES DE BINÁ

¿Cómo debería comportarse un ser humano para adquirir la cualidad del entendimiento (*Biná*)? La *Biná* es arrepentimiento. Ésta se adquiere volviéndose hacia el perfecto arrepentimiento, respecto a lo que no puede haber nada más importante, pues rectifica todo defecto. Así como es función de *Biná* endulzar todos los juicios y neutralizar su amargura, así el hombre debe arrepentirse y rectificar cada uno de sus defectos a través del arrepentimiento. El que medita sobre el arrepentimiento todos los días hace que la *Biná* Suprema lo ilumine todos los días. «Y así es que todos sus días son de arrepentimiento», lo que implica que se incluye a sí mismo en la *Biná*, que es arrepentimiento. De este modo, los días de su vida están coronados con el secreto del más alto arrepentimiento.

Y he aquí que, así como el arrepentimiento contiene la raíz de todo lo que existe, conforme al secreto del Jubileo, y contempla la raíz de las fuerzas externas de acuerdo con el secreto del Río Dinur,[1] que está incluido en el Santo según el secreto de Sus poderes, parte de allí y se expande desde allí, y esa expansión recibe el nombre de expansión de la furia ardiente. Pero de acuerdo con el secreto de «Y el Señor olió dulces aromas» (Génesis 8:21), esa expansión se recoge de regreso a su Fuente para que los juicios se endulcen y su furor se calme, como está escrito: «Y el Santo, Bendito Sea, se arrepiente del mal». De acuerdo con este secreto es que debe uno comportarse en el secreto de su arrepentimiento. Así que no debéis decir que el arrepentimiento es bueno sólo para la parte de santidad que hay en el ser humano, ya que también lo es para su porción de mal, que se endulza cuando uno exhibe esta cualidad.

Es sabido que Caín era malo por causa de la serpiente, pero le fue dicho: «Si haces el bien, serás restituido» (Génesis 4:7). Por lo tanto, uno no debe pensar que si se encuentra del lado del mal no hay esperanza para sí. ¡Es falso! He aquí que si uno hace el bien puede penetrar por sí mismo en el secreto del arrepentimiento y dirigirse de acuerdo con su secreto a ese lugar en el que el bien está establecido. Y es que incluso la más alta amargura posee una raíz dulce y a través de esa raíz uno puede mejorarse a sí mismo. Así es que el ser humano debe comportarse para transformar sus transgresiones volitivas en méritos. Los actos de iniquidad son instigados por el Lado Izquierdo, pero si uno se arrepiente honestamente, esas acciones arraiga-

---

1. El Zohar (I-40a y I-201b) nos enseña que cuando un alma abandona el mundo terrenal para ascender, debe purificarse en el *nehár Dinur*, el río de fuego, donde se desprende de los restos del mundo inferior. Según el Sefer haTemuná, también sería el proceso que posibilita «la reencarnación de las almas», un ciclo que solo podrá eludirse a través de una completa teshuvá.

rán en lo Alto. Y aunque sus juicios no son anulados por completo, se vuelven mejores y arraigados en lo santo, del mismo modo que a Caín se le dio la oportunidad de reconducirse.

He aquí, si Caín se hubiera arrepentido y rectificado su transgresión, entonces la transgresión de Adán por la cual nació Caín –el nido de la impureza–, le habría sido contado por mérito, según el secreto de «el hijo trae mérito al padre» (Sanedrín 104a).[2] Sin embargo, Caín no deseaba arrepentirse, y así el Lado Izquierdo se nutrió de ello. Pero todas sus ramas están destinadas a volverse dulces y volverán a ser perfectas. Éste es el argumento que hemos enarbolado: que el ser humano comprende el secreto del mal y lo endulza y lo reconduce al bien. Por lo tanto, una persona que purifique su inclinación al mal y la lleve al bien, arraigará Arriba. Éste es el grado más alto de arrepentimiento en el que el que sigue debe meditar cada día y arrepentirse en cierta medida cada día para que todos sus días los pase en arrepentimiento. Tal es la suprema virtud de la práctica del arrepentimiento. Uno debe reflexionar sobre ello todos los días y arrepentirse de alguna manera, para que «todos sus días sean de arrepentimiento».

---

2. «Ya que es suyo el crédito por haber criado a un hombre justo», se completa el pasaje. Pero los sabios del Talmud también advierten que la oración no puede reproducirse en el sentido inverso: «El padre no confiere mérito al hijo (...) [Ser hijo de] Abraham no libró a Ismael del juicio de los Cielos. [Ser hijo de] Isaac no libró a Esaú de ser juzgado». Este pasaje insiste en la práctica activa a la que nos invita rabí Cordovero todo el tiempo: el mérito está en comportarse de manera que esa conducta fructifique en unos hijos que sigan las mitzvot, pero que el padre haya actuado de ese modo no implica mérito alguno para sus hijos.

CAPÍTULO V

SOBRE LAS CUALIDADES DE JÉSED

¿Cómo debería comportarse un ser humano para adquirir la cualidad de la compasión (Jésed)? La principal forma que uno tiene a su alcance para penetrar en el secreto de Jésed es amar a Dios con un amor perfecto, para, de este modo, no abandonar Su servicio por ningún motivo, en tanto que nada tendría para él ningún valor en comparación con el amor del Santo, Bendito Sea. Por lo tanto, el ser humano debe atender principalmente a los requerimientos del servicio a Dios, y satisfacer el resto de necesidades en el tiempo que le sobre.

Ese amor debe estar firmemente establecido en su corazón, tanto si de manos del Santo, Bendito Sea, recibe bondad o padecimientos y represiones. Esto último también debe considerarlo como una muestra del amor de HaShem. Como está escrito: «Leales son las heridas del que nos ama» (Proverbios 27:6) y «Con todas tus fuerzas» (Deuteronomio 6:5), lo que fue explicado como «Con toda medida que Él os imponga, sea buena o incómoda, sed agradecidos» (Berajot 54a) ya que todo procede de Su compasión. Así descubrirá que el secreto de la dirección de su vida proviene de Su soberanía (*Maljut*), y que incluso cuando actúa severamente, también lo hace desde *Jésed*. Tal era la cualidad de Nahum de Gamzo, quien solía decir: «Esto también (*gam zo*) es para bien», y así conectaba todo lo que sucedía con ese atributo de *Jésed* que es llamado bueno, por lo que podía decir «Esto también» (*gam zo*), aunque parece provenir del Lado Izquierdo y está vinculado a la severidad (*Guevurá*), «es para bien», porque está conectado con *Jésed*. Es decir, que se concentraba en el lado bueno de las cosas y ocultaba sus juicios. Y esa es una gran forma de conectarse con *Jésed*.

Está explicado en los *Tikkunim*: «¿Quién es piadoso (*jasid*)? Aquel que es bondadoso con su Creador». Es decir, que los actos de compasión que uno lleva a cabo en el mundo inferior deben albergar también la intención de perfeccionarse en la Forma Suprema, que es su modelo. Eso es lo que significa ser «bondadoso con su Creador». De ejercer la bondad con sus semejantes uno aprende a ser bondadoso con su Creador. Así se vuelve necesario conocer cuántos son los tipos de bondad que se dan entre los seres humanos y practicarlos todos con su Creador si se desea adquirir la cualidad de *Jésed*. Son los siguientes:

Primero: cuando una persona nace, es necesario proporcionarle alimento. Siendo así, el ser humano debe tener presente que, cuando el entendimiento (*Biná*) engendra a la belleza (*Tiferet*), si se produce, el Santo, Bendito Sea, no lo quiera, según el aspecto del juicio, comportará grandes trabajos. Es decir, que *Tiferet* se enfrentará a su alumbramiento con limitaciones y rigores que harán que el nacimiento tenga lugar con dificultad. Por lo tanto, uno debe enderezar las cosas tanto como le sea posible para que el nacimiento de *Tiferet* se produzca del Lado Derecho, para que nazca sin mácula. Como decimos: «Y trae nuestro juicio a la luz, Santo»,[1] lo que significa que Él hace emerger el esplendor hacia la Luz, que es el Lado Derecho, y entonces seremos santos y nos veremos alejados de las severidades. En esto está implícito que uno debe, con las obras que lleva a cabo, asociarse constantemente con *Jésed* y actuar desde *Tiferet* en dirección a *Jésed*, entonces la criatura nacerá bien formada y con buena salud. Prácticamente todas las prohibiciones de la Torá están incluidas en esto, para que el Santo, Bendito Sea, no lo quiera, no se despierte allí un juicio severo y esto haga que su nacimiento sea difícil.

Segundo: circuncidar a la descendencia y hacerlo de la manera apropiada para evitar que cualquier cáscara (*klipâ*)[2] o prepucio quede adherido a la Fundación (*Yesod*), y debe apartar de sí a todos aquellos con prepucio, y conducirlos al arrepentimiento, de manera que al circuncidar el prepucio de sus corazones el Altísimo quede también sin prepucio. Uno debería mantenerse firme para arreglar las cosas que causan prepucios. Por eso Pinjás, que circuncidó los prepucios de los hijos de Israel, mereció el sacerdocio. Dado que otorgó su bondad a su Creador con el secreto de la circuncisión y que circuncidó a *Yesod* de ese prepucio, mereció compasión. A partir de esto, uno debe aprender los otros rasgos de la bondad.

Tercero: visitar a los enfermos y sanarlos. Es sabido que la *Shejiná* está enferma de amor por la unificación, como está

---

1. En el rezo de Rosh HaShaná.
2. Traducible literalmente como «cáscara» o «caparazón», es un concepto cabalístico que, de manera esencial, remite a fuerzas metafísicas derivadas de acciones y emanaciones negativas que separan al ser humano de YH-VH. En oposición a las *sefirot*, las *klipot* forman en su conjunto el árbol de la muerte –que será mencionado también por el autor.

escrito: «Porque estoy enferma de amor» (Cantar de los Cantares 2:5). Y su curación está en manos del ser humano, que puede proporcionarle a Él los remedios apropiados, como está escrito: «Sustentadme con pasteles de frutas, alimentadme con manzanas» (Cantar de los Cantares 2:5). El secreto de estos pasteles de frutas (*ashishot*) está explicado en los *Tikkunim* (39b), que aclaran que todas las cosas están conectadas con Su majestad por medio del hombre (*yish*), que incluye la letra *hei*, que significa compasión, y a través de la mujer (*yishá*) que incluye la letra *yod*, que implica firmeza, que es la de los dos brazos en que se apoya. Y el que así se comporta, apoya al enfermo en su enfermedad. En segundo lugar, «alimentadme con manzanas» remite a la unión de la Majestad (*Hod*) con la Perseverancia (*Netsaj*), unión que encuentra su apoyo en la clemencia cuando es blanca y roja,[3] como las manzanas. Uno debe visitar a la *Shejiná*, acordarse de ella y suplicarle que acepte tomar los alimentos y bebidas que fluyen del Altísimo, y de las que se priva a sí misma, por lo que su alma languidece. Esto es aplicable tanto a los enfermos físicos como con los enfermos Superiores, ya que la *Shejiná* está enferma, como ha sido escrito.[4] Y Él también está enfermo, ya que abandona su lugar para

---

3. Según la tradición cabalística, el blanco es el color de la compasión y el rojo el color de la severidad. Juntos, recuerdan a la manzana, que tiene la piel roja y la carne blanca.

4. «Enferma de amor», según los rabinos escribieron en el Zohar. La interpretación más extendida de este sintagma remite a la idea de que la Shejiná anhela la reintegración de todas las cosas, la unificación. La metáfora de rabí Cordovero remite también al versículo «alimentadme con manzanas, pues enferma de amor estoy» (Cantar de los Cantares, 2:5). Para los sabios del Talmud (Shir haShirim Rabbá) las manzanas es la delicia que necesitamos comer tras habernos estado nutriendo con cual-

vagar en pos de ella en este mundo. Así ha sido escrito: «Como un pájaro que vaga lejos del nido es el hombre que vaga lejos de su hogar» (Proverbios 27:8), por lo que Él se encuentra como «un hombre que vaga lejos de su hogar». Él la espera y jura que no volverá hasta que la lleve de vuelta a su hogar. Él también «fue herido a causa de nuestras transgresiones y molido por nuestras iniquidades; el castigo de nuestra paz fue sobre Él, y por Su llaga fuimos nosotros curados» (Isaías 53:5). La cura de ambos está en nuestras manos, por eso debemos visitarlos y atender sus necesidades estudiando la Torá y cumpliendo sus preceptos.

Cuarto: dar caridad (*tzedaká*) a los pobres, siguiendo el ejemplo de *Yesod* y *Maljut*. Está explicado en los *Tikkunim* que la caridad apropiada para Ellos consiste en recitar noventa veces amén, cuatro *kedushot*, cien bendiciones y cinco libros de la Torá.[5] Es de este modo, cada una según sus posibilidades, que una persona debe hacer descender la caridad desde *Tiferet* hasta los pobres, a fin de proveerlos con las espigas de todas las *sefirot* y la gavilla olvidada del secreto de la Alta Gavilla, que no es otra cosa que *Biná*, y según los límites de *Maljut*, pues ésta establece los límites del resto de cualidades.[6] Y está escrito: «pa-

---

quier cosa y de ese modo haber caído enfermos, «bendiciones y palabras de consuelo» fragantes y sabrosas como la fruta, que nos acerquen de regreso a la Torá.

5. Ya que se corresponde con el valor guemátrico del término *tzedaká: tza-dik-dalet-kuf-hei* = 90 + 4 + 100 + 5 = 199. Por eso, «noventa veces amén, cuatro *kedushot*, cien bendiciones y cinco libros de la Torá».
6. En tanto que es la *sefirá* más externa y se encuentra en la parte inferior del árbol sefirótico.

ra el pobre y para el extranjero lo dejarás» (Levítico 19:10),[7] ya que incluso *Tiferet* puede ser un extranjero cuando se encuentra en *Maljut*, y uno debe concederle estas reparaciones. Es de este mismo modo como uno debe dar el diezmo a los pobres, que es el modo en que asciende *Maljut* –que es el diezmo– hasta *Yesod* –que por eso es llamada «el pobre»–, y así se conectan con *Tiferet*, que dará diezmo a los extranjeros. Varías reparaciones están incluidas en ésta.

Quinto: traer invitados –los invitados son *Tiferet* y *Yesod*– para proveerlos con un hogar en el que descansar, de modo que puedan recuperarse allí, es decir, en *Maljut*. Dado que ambos son caminantes en el secreto del exilio – en el que buscan su objeto perdido–, uno debe acogerlos. Y según lo designado en El Zohar, este mandamiento concierne a aquellos que son «caminantes que hablan», que son aquellos que abandonan sus hogares para dedicarse al estudio de la Torá y quienes hacen que estos huéspedes colmen las necesidades de *Maljut*. Por otra parte, quien unifica *Tiferet* con *Maljut* dándole un lugar fijo a su Torá hace que *Tiferet* se aloje en *Maljut*, tal como está explicado en los *Tikkunim*. Y uno debe preparar comida y bebida para sus invitados, lo que quiere decir que uno debe traer *Tiferet* y *Yesod* a *Maljut*, ofrecerles alimento tal como «Yo vine a mi huerto (…) he mi comido mi panal y mi miel» (Cantar de los Cantares 5:1) que es el flujo conveniente para el gobierno inferior que se extiende desde el lado de *Guevurá* endulzada. Y ofrecerles bebida tal como «Mi vino y mi leche he bebido» (Cantar de los Cantares 5:1), que designa el flujo interno del

---

7. El versículo, de forma elocuente, continúa: «Y no rebuscarás tu viña, ni recogerás el fruto caído de tu viña». Eso es lo que se deja «para el extranjero», para el necesitado.

vino y del secreto de la leche endulzada para conectar *Tiferet* con *Maljut* –Jacob y Raquel–, y *Guevurá* con *Netsaj* o con *Hod*. Así lo explicaron los sabios en el *Raaya Meheimena*.[8] Acompañarlos en su camino se refiere a llegarse hasta a ellos, llevando con uno su alma, para acompañarlos de acuerdo con el Supremo Modelo, es decir, el resto de *sefirot* vienen hasta ellos para indicarles el camino a seguir. Son varias las cosas que se incluyen en este *Tikkún*. En resumen, uno debe tratar de hacer estas cosas en su entorno mundano, con su intención dirigida por lo que acaba de exponerse, pues al conocer su secreto, se estará replicando Arriba de igual forma. ¡Y qué bueno es pronunciar la intención de su alusión en el momento en que se lleva a cabo esta obra para cumplir con «la tienes en la boca y en el corazón» (Deuteronomio 30:14)!

Sexto: la atención de los vivos a los muertos. Resulta complicado comprender cómo se puede aplicar esto al Mundo Superior, ya que este es un secreto de las *sefirot* que se esconden y se retiran al lugar de su ocultamiento. Debe uno lavarles cualquier mancha de iniquidad y vestirlos de blanco –como se produce la purificación de las *sefirot* por un fuego blanco de las buenas acciones– para elevarlos de acuerdo con el secreto de la Unidad, para que queden atados Arriba. Y cargarlos sobre su hombro, de acuerdo con el secreto de las *sefirot*, uno a uno, hasta que se levanten sobre el hombro, que es el lugar donde el brazo encuentra su articulación en el cuerpo y es aún más

---

8. El pastor fiel es una forma de referirse a Moisés. El rabí Baal HaSulam escribió al respecto que esta forma de designar a Moisés deriva del hecho de que fue él quien proveyó de fe a los judíos e instauró el temor a Ha-Shem. Por eso es fiel (a YHVH) y pastor (porque guía a los demás). El *Raaya Meheimena* está incluido en el Zohar.

alto que este, que es el secreto oculto para el cual no tenemos explicación. En cuanto al secreto de la sepultura, debe concentrarse en el versículo «Y lo enterró en el valle» (Deuteronomio 34:6) que traducimos[9] como «con trece atributos de la misericordia», que emanan de *Kéter*, de sus diversos aspectos que miran hacia Abajo para apiadarse de los de Abajo. Y desde ahí los sepultados suben al Edén Superior, a la sabiduría de *Kéter*. Y es necesario prestar mucha atención a esto.

Séptimo: conducir a la novia a la *jupá*. Aquí se incluye todo lo concerniente al matrimonio, en tanto que todas las oraciones y unificaciones se desarrollan de acuerdo con el secreto de conducir a la novia bajo la *jupá*. Su esencia está en el secreto de la oración en varios niveles, unos más saltos que otros, a saber: los sacrificios, los salmos, la oración sentada en la que se recita el *Shemá* y sus bendiciones, la *amidá* después, y el resto de oraciones. Todos estos son actos de *Jésed*, para que el novio y la novia tomen nota de las necesidades y los requisitos de su unión.

Octavo: poner paz entre un ser humano y su prójimo,[10] que son *Tiferet* y *Yesod*. En ocasiones se distancian el uno del otro, y entonces es necesario poner paz entre ellos y reconciliarlos, que vuelvan a estar juntos y conectados a través del amor y la amistad. Y eso se logra a través de las buenas acciones. Porque cuando *Yesod* se vuelve a la Izquierda y *Tiferet* a la

---

9. Al arameo. El equivalente numérico de «gai» (valle) es trece.

10. Promover activamente la paz es una mitzvá. En Pirkei Avot (1:12-18) se insta a los sabios a ser prudentes en sus disputas y seguir el ejemplo «de Aarón, que amaba la paz y corría en pos de ella (...) Pues el mundo se sostiene por tres cosas: la verdad, la justicia y la paz». El rabí Asher ben Yejiel, fundador en el siglo XIV de una de las yeshivot más importantes de Toledo, nos invita: «no dejes nunca de buscar amigos y personas que te quieran» («Orjot Jayim»).

Derecha, se oponen entre sí, hasta que *Yesod* se vuelve también hacia la Derecha. Y cuando la iniquidad abre una brecha en el mundo, el Santo, Bendito Sea, no lo quiera, se instaura un odio entre ambos y no hay unidad ni vínculo entre las *sefirot*. De esta misma manera sucede con los otros pares de *sefirot* según se encuentran a Derecha e Izquierda, a saber: *Jojmá* (sabiduría) y *Biná* (entendimiento), *Jésed* (bondad) y *Guevurá* (rigor), *Netsaj* (perseverancia) y *Hod* (majestad). Entonces uno debe poner paz entre ellos, y eso es lo que significa poner paz entre un hombre y su prójimo. De la misma manera, entre un hombre y su esposa, cuya paz se encuentre entre *Tiferet* y *Maljut*. Y todos los actos de pacificación son actos de *Jésed* similares a los actos de bondad en los Mundos Superiores.

CAPÍTULO VI

SOBRE LAS CUALIDADES DE GUEVURÁ

¿Cómo debería comportarse un ser humano para adquirir la cualidad del rigor (*Guevurá*)? Debe saber que todas las acciones que despiertan la inclinación al mal propician los más grandes rigores. Por lo tanto, uno no debe cultivar la inclinación al mal para no despertar a *Guevurá*. El motivo de esto es que el ser humano ha sido creado con ambas inclinaciones, al bien y al mal: una pertenece a *Jésed*, la otra a *Guevurá*. Sin embargo, los sabios explicaron en El Zohar, en la sección de Génesis, que la inclinación a *Jésed* fue creada por el hombre, y la inclinación al mal por su esposa. Repara en cuán dulces son sus palabras: *Tiferet*, que es el esposo de *Jésed*, se inclina hacia la Derecha, y todas sus acciones son conforme a la Derecha, es decir, inclinadas al bien. Pero la mujer (*Hod*) pertenece al lado Izquierdo y actúa de acuerdo con *Guevurá*. Así las cosas, conviene no incitar a la mala inclinación, puesto que despierta también *Guevurá* en el Hombre Superior y destruye el mundo. Por esto, cualquier rasgo que el hombre cultive y que pertenezca al lado de *Guevurá* daña al Hombre Superior. Y según esto, uno debería apreciar cuán vergonzosa es la ira o cualquier conducta que se le parezca ya que intensifica los rigores.

De hecho, la mala inclinación debe ser atada en corto, para que no impulse ninguna acción en este mundo, ni en su cuerpo, ya sea por el deseo de relaciones sexuales o de bienes materiales, la exhibición de ira o el anhelo de honores. Sin embargo, por el bien de su esposa, el hombre debe estimular ligeramente su mala inclinación en dirección a la Derecha, y proporcionarle así ropa y una casa, por ejemplo. Y así puede decir «Al proporcionarle ropa, adorno la *Shejiná*», porque es la *Shejiná* la que está adornada con *Biná*, que es la cualidad en la que se incluyen todos las cualidades endulzadas por Su enorme compasión. Por eso todas las necesidades de una casa quedan cubiertas por los *Tikkunim* de la *Shejiná*, que se endulza por medio de la inclinación al mal, que fue creada para hacer la voluntad de su Creador y no puede cumplir otro propósito.

En consecuencia, un hombre no debe tener la intención de obtener ningún tipo de placer de la inclinación al mal, pero cuando su esposa aparezca ante él en toda su belleza, en una casa elegante, debe tener la intención de adornar la *Shejiná*, porque Ella está adornada por las buenas cualidades de la Izquierda, donde hay «riqueza y honor» (Proverbios 3:16). Por eso debe cultivar su mala inclinación a amarlo, y luego debe de tener la intención de que la Izquierda se desplace para acercarla, según el secreto de «Su brazo izquierdo está bajo mi cabeza» (Cantar de los Cantares 8:3). Al principio, se acercan a través de la Izquierda, pero luego «y su brazo derecho me abraza» (Cantar de los Cantares 8:3), es decir, que debe tener la intención de endulzar todos esos *Tikkunim* mediante su buena inclinación y realmente llevar a cabo un *Tikkun* para Ella, para Su regocijo y para cumplir el mandato divino por el bien de la Unión Suprema. He aquí que ésta es la manera de endulzar todos los rigores y realizar los *Tikkunim* con la Derecha.

Este método es aplicable a todos los deseos que se derivan de la mala inclinación. Estos deben ser dirigidos principalmente al beneficio de la esposa que Dios ha escogido para ser la compañera de uno y luego debe volverlos todos al servicio de Dios para vincularlos a la Derecha.

CAPÍTULO VII

SOBRE LAS CUALIDADES DE TIFERET

¿Cómo debería comportarse, un ser humano para adquirir la cualidad de la belleza (*Tiferet*)? No cabe duda de que la cualidad de *Tiferet* se halla en el estudio de la Torá.[1] Sin embargo, se debe tener mucho cuidado de que el que la estudia no se enorgullezca a causa de las palabras de la Torá, ya que causaría un gran mal. Porque así como se eleva a sí mismo en el orgullo, hace que la cualidad de *Tiferet*, que es la Torá, se eleve y se aleje en lo Alto, el Santo, Bendito Sea, no lo quiera. Pero el que se humilla ante las palabras de la Torá hace que *Tiferet* descienda y se rebaje para derramar su influencia sobre los que están en *Maljut* (Abajo).

He aquí que hay cuatro *sefirot* por debajo de *Tiferet*, y de la que dependen tres cualidades.

En primer lugar, el que se vanagloria ante sus discípulos, hace que *Tiferet* se eleve y se ensalce sobre *Guevurá* y *Hod*, por eso los sabios del Señor son los discípulos de *Tiferet*. Pero el

---

1. La Torá es una de las representaciones de la belleza, es decir, de *Tiferet*.

que se rebaja a enseñar en el amor hace que *Tiferet* descienda hasta sus discípulos y derrame sobre ellos su influencia. Por lo tanto, uno debe dispensar un buen trato a sus alumnos, para enseñarles todo lo que puedan absorber y, gracias a ese mérito, *Tiferet* derramará su flujo en los discípulos de acuerdo con sus capacidades y en la medida adecuada.

En segundo lugar, el que se vanagloria ante el pobre y lo desprecia en virtud de su estudio de la Torá. Como en el incidente cuando el profeta Elías se apareció al rabí Simeon ben Eleazar bajo la apariencia de un mendigo feo, despreciable y repugnante, para ponerlo a prueba. Sintiéndose superior al mendigo, lo agravió, y por ese defecto de conducta fue reprendido. Porque quien exhibe vanidad ante los pobres hace que *Tiferet* se eleve por encima del *Yesod* y deje de derramar su influjo sobre él. Pero si el sabio es considerado con los pobres, *Tiferet* derramará su influjo sobre *Yesod*. Por lo tanto, los pobres deben ser altamente estimados por el sabio y debe ofrecerles consuelo. Y así será en los Mundos Superiores que *Yesod* también será altamente estimado por *Tiferet* y estará ligada a él.

En tercer lugar, el que se vanagloria ante los ignorantes, es decir, el pueblo del Santo, Bendito Sea, en su conjunto, hace que *Tiferet* se eleve por encima de *Maljut* y deje de derramar su influjo sobre ella. Uno debe tener una buena disposición para con todas las criaturas y todas las personas deben ser relevantes a sus ojos, porque son los de Abajo, según el secreto de la tierra.[2] Y si, el Santo, Bendito Sea, no lo quiera, los insulta llamándolos asnos, o hace que desciendan hasta ellos las *klipot*,

---

2. *Maljut*, la *sefirá* que ocupa un lugar más bajo en el Árbol de la Vida, es también llamada «la tierra» justamente por el lugar de ocupa en la base.

no se hará merecedor de tener un hijo en quien brille la luz de la Torá, como está dicho en la Guemará. Debe comportarse amablemente con todos ellos, según sus costumbres, a imitación de *Tiferet*, que derrama su influjo sobre *Maljut* y la guía de acuerdo con «la mente de la mujer es débil» (Shabat 33b). Esto también incluye que no debe ser arrogante con los débiles mentales que forman parte del «polvo de la tierra». Debido a esto, los antiguos no se volvieron altivos en virtud de su conocimiento de la Torá, como se cuenta en el pasaje del rabí Hamnuna[3] o en el pasaje de rabí Jagai,[4] o en los *Tikkunim* de aquel anciano que huía cuando querían besarlo, pues no quería vanagloriarse de su conocimiento de la Torá.

Aún más, debe acostumbrarse a actuar de este modo cuando debata sobre la Torá, debe mantener la intención de adornar la *Shejiná* y decorarla por medio de *Tiferet*, que es la *halajá* de la Verdad. Éste es también el sentido de un debate por la causa del Cielo que se da entre *Jésed* y *Guevurá* para alcanzar *Tiferet* y acordar que la *halajá* se da de acuerdo con Su mandato. Y el ser humano debe mantenerse al margen de todo debate que vaya más allá de esta cuestión porque *Tiferet* no desea apoderarse de lo que está afuera —incluso si es en palabras de la Torá—, ya que si el propósito de la discusión es la discusión, su final será el *Guehinom*, el Santo, Bendito Sea, no lo quiera. Uno no debe tener ninguna disputa que no sea por la Torá, por

---

3. En El Zohar leemos que el hijo del gran rabí Hamnuna era conductor de asnos, y se negó a permitir que los sabios le pagaran por lo bien que desempeñaba su labor.

4. En El Zohar leemos que, en una ocasión, en un acto de suma modestia, el rabí Jagai no quiso identificarse ante aquellos que habían sido sus alumnos.

el bien de los Cielos, porque «todos sus caminos son de paz» (Proverbios 3:17) y al final de ellos hay amor.

Y aquel que obtiene beneficio de las palabras de la Torá obra un defecto en esta cualidad, ya que es sagrada, y se la apropia y la usa para fines profanos. Pero cuando uno estudia la Torá en beneficio del Reino Superior, obtiene felicidad.

Lo más importante es purificar la mente y los pensamientos, y examinarse a uno mismo en el transcurso de una disputa para ver si puede hallar el más mínimo rastro de un motivo vergonzoso y rechazarlo. Y uno siempre debe ser sincero para que *Tiferet*, la cualidad de la verdad, se halle en él.

CAPÍTULO VIII

SOBRE LAS CUALIDADES
DE NETZAJ, HOD Y YESOD

¿Cómo debería comportarse un ser humano para adquirir las cualidades de la perseverancia (*Netzaj*), majestad (*Hod*) y el fundamento (*Yesod*)? En lo concerniente a los *Tikkunim* de *Netzaj* y *Hod*, algunas de sus cualidades remiten a ambos en conjunto, y otras a cada uno por separado.

Para empezar, es necesario ayudar a quienes estudian la Torá y sostenerlos con dinero o con obras, a fin de proporcionarles cuanto necesiten para su desempeño, preparar su comida y satisfacer todos sus deseos, para que no se vean obligados a cesar en el estudio de la Torá. Uno debe también poner cuidado en no menospreciar sus conocimientos, para que no se depriman en su estudio de la Torá, sino que debe honrarlos y elogiar su buena tarea para alentarlos a que continúen con ella. Y debe proveerlos de libros con los que puedan trabajar y un *bet midrash*. Toda esa ayuda y apoyo a quienes estudian la Torá depende de estas cualidades, y cada uno debe aportar, mucho o poco, según sus posibilidades. En resumen, cualquier cosa que uno haga para honrar la Torá y fortalecerla con palabras, con acciones y con su riqueza, para inclinar los corazones de las personas hacia la Torá y que se dediquen a su estudio, está arraigado firmemente en estas dos *sefirot* que son conocidas como «las que sostienen» y «las que apoyan».

Y, es más, aquel que estudia la Torá debe estar preparado para aprender del resto de las personas, como está escrito: «Más de todos mis maestros he aprendido» (Salmos 119:99). La Torá no puede ser aprendida de un solo maestro.[1] En cambio, convertirse en discípulo de todos tiene como recompensa convertirse en un carro para *Netzaj* y *Hod*. Los enseñados del Santo, Bendito Sea, y los que les otorgan la Torá se encuentran en el nivel de *Tiferet*. Y he aquí que al sentarse a estudiar la Torá hace que *Tiferet* fluya sobre *Netzaj* y *Hod*, y que esté realmente a su nivel.

Ahora bien, he aquí que cuando uno estudia la Torá, que está en la Derecha, establece un vínculo especial con *Netzaj*, y cuando uno estudia la Mishná, que está en la Izquierda, establece un vínculo especial con *Hod*. Y la Guemará, que lo incluye todo, pues argumenta la Mishná a partir de las Escrituras, es un *Tikkun* para ambos.

¿Y cómo adquiere un ser humano la cualidad de Yesod? Debe estar prevenido contra los discursos que lo inciten a pensar lujuriosamente, para que no tenga poluciones nocturnas. No

---

1. La importancia del rechazo de la idolatría en el judaísmo se refleja de forma clara en el rechazo del estudio de individual de la Torá, que establecería una relación cerrada entre el estudiante y el texto, y así correría el riesgo de convertir en un ídolo su lectura de la Torá. Ejemplos de esto se pueden apreciar en hechos como la multiplicidad de voces que discuten en cada página del Talmud, o en la tradición de estudiarlo en *zugot* (parejas).

es necesario decir que no debe él mismo pronunciar palabras obscenas, pero incluso debe estar prevenido contra las cosas puras que puedan conducirlo a pensamientos lujuriosos. Como está dicho: «No permita que tu boca te haga transgredir» (Eclesiastés 5:6), que nos advierte de que no debe su boca hablar de forma que conduzca a su carne santa –en la que lleva la señal del pacto– a la transgresión con una polución accidental. Y si esto es lo que significa «palabras obscenas», ¿qué significa «te haga transgredir»? Incluso aunque el discurso sea puro y no transgresor, uno debe tener cuidado de que no lo conduzca a un pensamiento lujurioso. Por eso se dijo «¿Por qué harás que Dios se enoje a causa de tu voz...?» (Eclesiastés 5:6), lo que quiere decir que cuando llegue a suceder la transgresión, Él se enojará porque uno hubiese pensado que aquel discurso era aceptable, porque la voz y el habla pueden conducir al mal. Por todo esto se debe tener cuidado con respecto a la señal del pacto, que no debe admitir imaginaciones sexuales ni ser destructiva.

Y es aún más necesario tener cuidado en tanto que *Yesod* es el símbolo del pacto del arco, y el Arco del Mundo Superior[2] sólo se tensa para disparar flechas hacia la cualidad de *Maljut*, que es «el blanco de las flechas», y preserva la gota que sale disparada como una flecha para «para que hiciese ramas y diese fruto» (Ezequiel 17:8). Ahora bien, así como el Arco Supremo nunca se tensa a no ser que sea apuntando a este objetivo, tam-

---

2. En la literatura rabínica el arco es, a menudo, empleado como una metáfora para referirse al pene y la flecha es una forma de designar el semen. En este caso remite tanto a la circuncisión como al arco iris (Génesis 9:12), ambos símbolos del pacto establecido entre el pueblo de Israel y YHVH.

poco el hombre debe estirar su arco y permitirse una erección bajo ninguna circunstancia, excepto que sea para el objetivo apropiado,[3] es decir, cuando su esposa esté purificada y sea el momento de la unión. Y en ningún otro caso, porque eso causaría un defecto en la cualidad de *Yesod*, el Santo, Bendito Sea, no lo quiera. Se debe poner en esto un gran cuidado y la principal precaución consiste en guardarse de los pensamientos libidinosos.

---

3. «Fructificad y multiplicaos, llenad la tierra y sojuzgadla, y señoread sobre los peces del mar, y sobre las aves de los cielos y sobre todas las bestias que se mueven sobre la tierra.» (Génesis 1:28).

CAPÍTULO IX

SOBRE LAS CUALIDADES DE MALJUT

¿Cómo debería comportarse un ser humano para adquirir la cualidad de la soberanía (Maljut)? En primer lugar, no debe sentir orgullo. Para que su corazón no se vuelva altivo, ante todo, debe comportarse constantemente como un mendigo que se presenta ante su Creador para pedir limosna. Para adquirir esta cualidad, debe pensar que no hay nada que le pertenezca de cuanto posee, incluso si es rico, y que ha sido abandonado y está necesitado de la misericordia de su Creador, porque lo único que tiene es el pan que come, y debería someter su corazón y afligirse a sí mismo. Sobre todo, en el momento de la oración, ya que es un medio maravilloso. De lo contrario, como está dicho, «Y tu corazón se enaltecerá y te olvidarás» (Deuteronomio 8:14), y el olvido pertenece a las *klipot*. Así se comportó David, que insistió en esto, tal como dijo «porque estoy solo y afligido» (Salmos 25:16). Si todos los miembros de una casa se ayudan sólo a sí mismos, ¿qué son los demás para uno? Su esposa e hijos, ¿de qué le servirán cuando sea juzgado ante el Creador o cuando su alma se marche? ¿Es que lo acompañarán más allá de la tumba? ¿De qué le servirán una vez entre en la tumba? Por tanto, uno debe humillarse y perfeccionarse según el secreto de esta cualidad.

En El Zohar encontramos un segundo método, y es muy relevante: que uno debe exiliarse de un lugar a otro por bien del Cielo. Y a través de esto, se convertirá en un carro para la *Shejiná* exiliada. Debería pensar: «He aquí que me he ido al exilio, pero mis bienes van conmigo. ¿Qué será del honor del Altísimo si la *Shejiná* está en el exilio, sin Sus bienes, de los que se ha visto privada por su destierro?».[1] De este modo uno debe darse por satisfecho con los menos bienes posibles, como está escrito: «Hazte pasos para el exilio» (Jeremías 46:19). Y debe someter su corazón al exilio y conectarlo con la Torá, y entonces la *Shejiná* estará con él. Y debe buscar para sí el exilio, y marcharse de su lugar de descanso como rabí Shimón y sus colegas se marchaban para ocuparse de la Torá. Y, más aún, si puede, debe caminar de un lugar a otro, sin caballo y sin carro. Sobre estas personas está dicho: «su esperanza está en el Santo,

---

1. ¿Por qué la Shejiná está en el exilio? En su pormenorizado comentario a este texto, Aryeh Coffman apunta que rabí Cordovero está haciendo alusión a la destrucción del Templo de Jerusalén, en el que moraba la Shejiná. Esto conectaría esta enseñanza del Ramak con la conmemoración anual de Tishá b'Av. El rabino Yoel Glick nos hace notar que al arrasar los romanos con el Templo, se produjo una «profunda ruptura en el vínculo espiritual que une a Dios con el pueblo de Israel», en tanto que ya no existiría más un lugar físico en el que permaneciese anclado. «El aura protectora que cubría a la nación se rompió y esta quedó sumida en la oscuridad espiritual». Al no haber sido restituido el Templo, esa experiencia de pérdida sigue vigente, y el judío debe transitar su propio exilio de lo material hasta encontrar la manera de ser él mismo una especie de mikdash para la Shejiná. Sobre esto se extiende rabí Cordovero en las páginas siguientes.

Bendito Sea» (Salmos 146:5), y fue explicado que esperanza (*sivró*) es una expresión que proviene de romper (*shever*), es decir, que rompe su cuerpo por el honor del Reino Superior.

Otro rasgo aún más importante de la cualidad de *Maljut*, que constituye la puerta de entrada a todo servicio Divino, es el temor a HaShem, glorioso y poderoso. Ahora bien, el miedo implica un grave peligro de ser dañado y dejar que las *klipot* penetren en uno. De la misma manera que si uno teme a las aflicciones, a la muerte o al *Guehinom*, está temiendo a las *klipot*, ya que todo esto proviene de ellas. Sin embargo, es importante temer a HaShem, y esto se logra meditando en tres cosas: la primera es que la grandeza del Creador es superior a todo lo que existe. El ser humano teme al león, al oso, al ladrón, al fuego o al derrumbe de un edificio, pero estos no son más que diputados insignificantes. ¿Por qué entonces no deberían temer al Gran Rey? Y ese temor debe verse constantemente en su rostro debido a Su grandeza. Y debería decir: «¿Cómo se atreve un humano despreciable a transgredir ante un Maestro tan grande?». Porque si fuese un oso, se lo comería, y es que sólo el Santo, Bendito Sea, tolera el agravio. ¿Es esta razón para no temerlo?

En segundo lugar, debe considerar la constancia de la Providencia, que lo vigila constantemente. Es como un esclavo que tiene miedo en presencia de su amo, pues así el ser humano está siempre en presencia del Creador, y Su ojo está atento a todos sus caminos. Uno debe tener miedo y atemorizarse de transgredir Sus mandamientos.

En tercer lugar, Él es la fuente de todas las almas, las cuales están todas enraizadas en Sus *sefirot*. Y ya que la transgresión abre una grieta en Sus estancias, ¿cómo uno no debería tener miedo de ensuciar, con sus malas acciones, las estancias del Rey?

En cuarto lugar, debe observar que el defecto en sus acciones aleja a la *Shejiná* de las Alturas. El ser humano debe temer ser la causa de este gran mal de separar el amor del Rey del de la Reina. Este tipo de temor es el que pone a las personas en el camino correcto y las conduce a la perfección de esta cualidad, a la que debería apegarse.

Además, uno debe procurar comportarse de modo que la *Shejiná* se adhiera a él y nunca se aleje. Ahora bien, es obvio que la *Shejiná* no puede estar con un soltero porque la *Shejiná* está principalmente en el lado femenino. Y un hombre se encuentra entre dos mujeres. la mujer física de Abajo, que recibe de él alimentos, vestido y derechos maritales, y la *Shejiná*, que se encuentra sobre él, para bendecirlo con lo que él, a su vez, proporciona a la esposa según su pacto. Esto es como *Tiferet*, que se encuentra entre dos hembras: la Madre Superior, de la que emana todo lo que necesita, y la Madre Inferior, que recibe de él alimento, vestido y derechos maritales, es decir, bondad, rigor y misericordia, como es sabido. Y la *Shejiná* no puede venir a uno a menos que se asemeje a la Existencia Suprema.

Ahora bien, un hombre debe separarse de su esposa en tres supuestos:

1. Cuando ella tiene el periodo.
2. Cuando él estudia la Torá y vive apartado de ella durante los días de la semana.
3. Cuando se marcha de su casa y se guarda de transgredir.

En esos periodos, la *Shejiná* se une a él y permanece con él, y no lo abandona para que no se vea abandonado y separado. Es decir, que el hombre siempre está completo, con lo masculino y lo femenino. Pero entonces, para que la *Shejiná* se una a él, debe cuidar de que Ella no se separe de él. Debería ser afanoso y rezar la oración del camino y aferrarse a la Torá, ya que será así como la *Shejiná*, que guarda el camino, se mantendrá siempre a su lado: si pone cuidado en no transgredir y en estudiar la Torá. Así, también, cuando su esposa tiene el periodo, la *Shejiná* permanece con él si observa las leyes de separación correctamente. Pero después, en la noche de su purificación, en la noche del *shabat* o en el regreso de un viaje, ambos pueden unirse legítimamente. Y la *Shejiná* Arriba se abre para recibir almas santas, por lo que también es apropiado que tenga un encuentro con su esposa. Si se comporta de este modo, la *Shejiná* siempre estará con él. Así se explica en El Zohar, en la primera sección del Génesis.

El encuentro del hombre con su esposa sólo debe tener lugar cuando la *Shejiná* está en Su morada, es decir, entre los dos brazos (*Jésed* y *Guevurá*). Sin embargo, en un momento en que la *Shejiná* no se encuentre entre los dos brazos, está prohibido, como también se explica en los *Tikkunim*.

Aquel que quiera unirse a la Hija del Rey, para que Ella nunca se aparte de él, primero debe adornarse con todo tipo de ornamentos y telas agradables, que son los *Tikkunim* de las cualidades mencionadas. Después de haberse adornado así, debe intentar recibirla mediante el estudio de la Torá, y cargar con el yugo de los preceptos, según el secreto de la unión perpetua. Pero esto está condicionado a su pureza y su santificación, y sólo cuando es tan puro y santo puede pretender cumplir, a través de Ella, el deber de proveer a su esposa de alimento, vestido y derechos maritales, que son las tres cosas terrenales que el hombre está obligado a proveer a su esposa.

La primera consiste en proveerla de un flujo de la Derecha a través de sus acciones, esto es, proveerle alimento. La segunda es protegerla del lado de *Guevurá*, para que las *klipot* no la gobiernen, de manera que no haya en ella una mala inclinación en el cumplimiento de los preceptos, como el placer del cuerpo o la esperanza en un honor ilusorio, por ejemplo, porque entonces su mala inclinación estará presente en el cumplimiento de ese precepto y Ella se apartará por vergüenza. Por lo tanto, debe protegerla de la vergüenza y esconderla para que no tenga dominio sobre ella. ¿Cómo puede hacer esto? Llevando a cabo todas sus acciones por el bien del Cielo y sin rastro de inclinación al mal. Los *tefilín* y los *tzitzit* también son herramientas para protegerla, y el hombre debe acostumbrarse a usarlos. En tercer lugar, unificarla con *Tiferet* en el momento de decir *Shemá* y en el tiempo que dedica al estudio de la Torá. Y cuando establece un tiempo para cualquier cometido, debe tener la intención de que éste sea un tiempo para la *Shejiná*, la Hija del Rey. Y hay una pista sobre esto en los *Tikkunim*.

CAPÍTULO X

ASCENDER A TRAVÉS DEL ÁRBOL

En su comentario al libro del Génesis, rabí Shimón expone un gran y magnífico consejo extraído de la Torá sobre cómo el ser humano puede apegarse a la Santidad Suprema y nunca más separarse de las *sefirot* superiores. Para ello, es necesario que uno se comporte de acuerdo con el tiempo, es decir, que tenga presente que *sefirá* gobierna y se apegue a ella y realice el *Tikkun* asociado con la cualidad regente.

Para empezar, por la noche, en el momento en que el hombre duerme en su cama, debe conectarse con *Maljut*, pues es la cualidad que rige en la noche. Pero si alarga su sueño, ese sueño es como la muerte y gobernará el árbol de la muerte. ¿Qué debe hacer, entonces? Debe anticiparse y prepararse para vincularse con el secreto de la santidad, es decir, el secreto de la cualidad de *Maljut* en el aspecto de su santidad. Así es que debe acostarse, concentrando su corazón en la aceptación del yugo del Reino de los Cielos. Debe levantarse a medianoche y lavar sus manos de las *klipot* que las gobiernen, desprender el mal de su carne y recitar una bendición.[1] Y debe reparar la *Shejiná* a través del estudio de la Torá, acerca de lo cual ha sido escrito: «Cuando duermas, te velarán» (Proverbios 6:22) de las *klipot* y «Hablarán contigo cuando despiertes» (Proverbios 6:22). Y Ella estará unida a él, y él estará unido a Ella. La forma de su alma ascenderá así al Jardín del Edén con la *Shejiná*, que entra allí para deleitarse con los justos y con su compañía. He aquí que realmente él viaja con Ella desde la muerte y el sueño hasta el secreto de Jardín del Edén, y sucede que la luz de *Tiferet*, que brilla sobre los justos Arriba, comenzará a brillar también sobre él, como se explica en Terumah.

Por la mañana, uno debe prepararse para acudir a la sinagoga uniéndose a las cualidades de los tres Patriarcas que están incluidos en *Tiferet*. Al entrar en la sinagoga dice: «Por tu inmensa misericordia, me inclinaré en tu morada» (Salmos 5:8), y así se incluye a sí mismo en el secreto de *Tiferet*, pues el hombre abraza *Jésed, Guevurá* y *Tiferet* y accede a la sinagoga, que es *Maljut*. Al recitar el versículo debe concentrar su intención en los tres Patriarcas: «en tu inmensa misericordia» halla a Abraham; en «me inclinaré a tu morada» halla a Isaac, pues inclinarse significa doblegar la estatura de uno frente a la cualidad de *Guevurá* para ser apartado por ella para que luego el flujo de *Jésed* lo atraiga desde lo alto para endulzarlo; y «en el temor a Ti» halla a Jacob, de quien está escrito que dijo: «¡Cuán imponente es este lugar!» (Génesis 28:17). He aquí que el ser humano los abraza por medio del pensamiento, la palabra y la acción. Porque el pensamiento es esa intención que hemos mencionado; el habla, el versículo que recita, y la ac-

---

1. Se refiere a la bendición usual del lavado de manos (*Netilat yadaim*).

ción, el acto de llegarse a la sinagoga e inclinarse frente a Su templo antes de la oración. Uno reza en la sinagoga con la boca abierta, de la que emana la oración y su unión con *Yesod*, la fuente, para que abra la fuente en el pozo, que es la sinagoga. Y debe hacer un *Tikkun* para la *Shejiná* con tanta intención y concentración como quepa en su oración.

Al salir de la sinagoga, asciende al secreto de la Torá y se vincula a la Torá, según el secreto de la cualidad del día, y se conduce a partir de ella todo el día hasta que llega el momento de la oración de la tarde, cuando se conecta con *Guevurá*. He aquí que, como durante la mañana estaba conectado con *Jésed* en su oración, y durante el día con *Tiferet* en la observación de la Torá, por la noche se conecta con *Guevurá*. Y todo esto está en la cualidad del día, él debe acudir a la sinagoga para unirse según el secreto de *Guevurá* igual que lo ha hecho según el de *Jésed*. Y entre uno y otro, conecta con la *Shejiná* en la comida, de tal manera que concede bondad a «esta pobre cosa», como dijo Hillel el Viejo: «Un justo debe reconocer el alma de su animal» (Proverbios 12:10). Ésta debe ser su intención durante la comida para procurar el bien a su alma animal y atarla de acuerdo con el secreto de la comida. Después, llegado el momento de la oración de la tarde, se conecta con *Guevurá* y espera hasta la noche, cuando *Tiferet* desciende a *Maljut*. Y he aquí que él está con *Tiferet* al comienzo de la noche, se conecta con ella y entra en la sinagoga con la intención que ya hemos mencionado. Y uno se conecta Abajo cuando *Tiferet* llega a su hogar. Aunque cuando sale de la sinagoga se une solamente a *Maljut*, según el secreto de la aceptación del yugo del Reino de los Cielos.

Éste debe ser su ciclo diario de acuerdo con el ciclo de las *sefirot*, para que se mantenga apegado a la luz dominante. Este consejo se encuentra principalmente en la sección inicial del Génesis y el resto ha sido compilado a partir de distintas secciones de El Zohar. Todo ello compone un método completo por el cual uno puede comprometerse con la santidad para que la corona de la *Shejiná* nunca se retire de su cabeza.

Así lo he completado –alabado sea el Santo, Bendito Sea, que conoce todo lo oculto– hoy, en el cuarto día de la semana, en el duodécimo día del mes de Jeshván, en el año «Que mis palabras Le sean agradables; yo me regocijaré en Él» (Salmos 104:34).[2]

---

2. Rabí Cordovero codifica el año a través del versículo del salmo.

TEXTO HEBREO DE
LA PALMERA DE DÉBORA

פֶּרֶק א

הָאָדָם רָאוּי שֶׁיִּתְדַּמֶּה לְקוֹנוֹ וְאָז יִהְיֶה בְּסוֹד הַצּוּרָה הָעֶלְיוֹנָה צֶלֶם
וּדְמוּת, שֶׁאִלּוּ יְדֻמֶּה בְּגוּפוֹ וְלֹא בִּפְעֻלּוֹת הֲרֵי הוּא מַכְזִיב הַצּוּרָה
וְיֹאמְרוּ עָלָיו צוּרָה נָאָה וּמַעֲשִׂים כְּעוּרִים. שֶׁהֲרֵי עִיקַר הַצֶּלֶם
וְהַדְּמוּת הָעֶלְיוֹן הֵן פְּעֻלּוֹתָיו, וּמַה יוֹעִיל לוֹ הֱיוֹתוֹ כַּצּוּרָה הָעֶלְיוֹנָה
דְּמוּת תַּבְנִית אֲבָרָיו וּבַפְּעֻלּוֹת לֹא יִתְדַּמֶּה לְקוֹנוֹ. לְפִיכָךְ רָאוּי
שֶׁיִּתְדַּמֶּה אֶל פְּעֻלּוֹת הַכֶּתֶר שֶׁהֵן י"ג מִדּוֹת שֶׁל רַחֲמִים עֶלְיוֹנוֹת.
וּרְמוּזוֹת בְּסוֹד הַפְּסוּקִים (מיכה ז, יח) מִי אֵל כָּמוֹךָ. יָשׁוּב יְרַחֲמֵנוּ.
תִּתֵּן אֱמֶת. אִם כֵּן רָאוּי שֶׁתִּמָּצֶאנָה בּוֹ י"ג מִדּוֹת אֵלּוּ.

וְעַכְשָׁו נְפָרֵשׁ אוֹתָן הַפְּעָלוֹת י"ג שֶׁרָאוּי שֶׁתִּהְיֶינָה בּוֹ:

הָא' - מִי אֵל כָּמוֹךָ

מוֹרֶה עַל הֱיוֹת הַקָּדוֹשׁ בָּרוּךְ הוּא מֶלֶךְ נֶעֱלָב, סוֹבֵל עֶלְבּוֹן מַה
שֶׁלֹּא יְכִילֵהוּ רַעְיוֹן. הֲרֵי אֵין דָּבָר נִסְתָּר מֵהַשְׁגָּחָתוֹ בְּלִי סָפֵק, וְעוֹד
אֵין רֶגַע שֶׁלֹּא יִהְיֶה הָאָדָם נִזּוֹן וּמִתְקַיֵּם מִכֹּחַ עֶלְיוֹן הַשּׁוֹפֵעַ עָלָיו,
וַהֲרֵי תִּמְצָא שֶׁמֵּעוֹלָם לֹא חָטָא אָדָם נֶגְדּוֹ שֶׁלֹּא יִהְיֶה הוּא בְּאוֹתוֹ
הָרֶגַע מַמָּשׁ שׁוֹפֵעַ שֶׁפַע קִיּוּמוֹ וּתְנוּעַת אֵבָרָיו, עִם הֱיוֹת שֶׁהָאָדָם
חוֹטֵא בַּכֹּחַ הַהוּא לֹא מְנָעוֹ מִמֶּנּוּ כְּלָל אֶלָּא סוֹבֵל הַקָּדוֹשׁ בָּרוּךְ
הוּא עֶלְבּוֹן כָּזֶה לִהְיוֹת מַשְׁפִּיעַ בּוֹ כֹּחַ תְּנוּעוֹת אֵבָרָיו, וְהוּא מוֹצִיא
אוֹתוֹ כֹּחַ בְּאוֹתוֹ רֶגַע בְּחֵטְא וְעָוֹן וּמַכְעִיס וְהַקָּדוֹשׁ בָּרוּךְ הוּא סוֹבֵל.
וְלֹא תֹאמַר שֶׁאֵינוֹ יָכוֹל לִמְנוֹעַ מִמֶּנּוּ הַטּוֹב הַהוּא ח"ו שֶׁהֲרֵי בְּכֹחוֹ
בְּרֶגַע כְּמֵימְרָא לְיַבֵּשׁ יָדָיו וְרַגְלָיו כְּעֵין שֶׁעָשָׂה לְיָרָבְעָם, וְעִם כָּל
זֹאת שֶׁהַכֹּחַ בְּיָדוֹ לְהַחֲזִיר הַכֹּחַ הַנִּשְׁפָּע הַהוּא וְהָיָה לוֹ לוֹמַר כֵּיוָן
שֶׁאַתָּה חוֹטֵא נֶגְדִּי תֶּחֱטָא בְּשֶׁלְּךָ לֹא בְּשֶׁלִּי, לֹא מִפְּנֵי זֶה מָנַע טוּבוֹ
מִן הָאָדָם אֶלָּא סָבַל עֶלְבּוֹן, וְהִשְׁפִּיעַ הַכֹּחַ וְהֵטִיב לְאָדָם טוּבוֹ. הֲרֵי
זֶה עֶלְבּוֹן וְסַבְלָנוּת מַה שֶׁלֹּא יְסֻפָּר וְעַל זֶה קוֹרְאִים מַלְאֲכֵי הַשָּׁרֵת
לְהַקָּדוֹשׁ בָּרוּךְ הוּא מֶלֶךְ עָלוּב וְהַיְנוּ אוֹמְרוֹ מִי אֵל כָּמוֹךָ, אַתָּה אֵל
בַּעַל חֶסֶד הַמֵּטִיב, אֵל בַּעַל כֹּחַ לִנְקֹם וְלֶאֱסֹף אֶת שֶׁלְּךָ, וְעִם כָּל זֹאת
אַתָּה סוֹבֵל וְנֶעֱלָב עַד יָשׁוּב בִּתְשׁוּבָה. הֲרֵי זוֹ מִדָּה שֶׁצָּרִיךְ הָאָדָם
לְהִתְנַהֵג בָּהּ רְצוֹנִי הַסַּבְלָנוּת וְכֵן הֱיוֹתוֹ נֶעֱלָב אֲפִלּוּ לַמַּדְרֵגָה זוֹ וְעִם
כָּל זֹאת לֹא יֶאֱסֹף טוֹבָתוֹ מִן הַמְקַבֵּל:

הַבּ' - נוֹשֵׂא עָוֹן

וַהֲרֵי זֶה גָּדוֹל מֵהַקּוֹדֶם שֶׁהֲרֵי לֹא יַעֲשֶׂה הָאָדָם עָוֹן שֶׁלֹּא יִבָּרֵא
מַשְׁחִית כְּדִתְנַן הָעוֹבֵר עֲבֵרָה אַחַת קָנָה לוֹ קַטֵּגוֹר אֶחָד וַהֲרֵי
אוֹתוֹ קַטֵּגוֹר עוֹמֵד לִפְנֵי הַקָּדוֹשׁ בָּרוּךְ הוּא וְאוֹמֵר פְּלוֹנִי עֲשָׂאַנִי,
וְאֵין בְּרִיָּה מִתְקַיֶּמֶת בָּעוֹלָם אֶלָּא בְּשִׁפְעוֹ שֶׁל הַקָּדוֹשׁ בָּרוּךְ הוּא
וַהֲרֵי הַמַּשְׁחִית הַזֶּה עוֹמֵד לְפָנָיו וּבַמֶּה מִתְקַיֵּם, הַדִּין נוֹתֵן שֶׁיֹּאמַר
הַקָּדוֹשׁ בָּרוּךְ הוּא אֵינִי זָן מַשְׁחִיתִים יֵלֵךְ אֵצֶל מִי שֶׁעֲשָׂאוֹ וְיִתְפַּרְנֵס
מִמֶּנּוּ וְהָיָה הַמַּשְׁחִית יוֹרֵד מִיָּד וְנוֹטֵל נִשְׁמָתוֹ אוֹ כּוֹרְתוֹ אוֹ נֶעֱנַשׁ
עָלָיו כְּפִי עָנְשׁוֹ עַד שֶׁיִּתְבַּטֵּל הַמַּשְׁחִית הַהוּא, וְאֵין הַקָּדוֹשׁ בָּרוּךְ
הוּא עוֹשֶׂה כֵן אֶלָּא נוֹשֵׂא וְסוֹבֵל הֶעָוֹן וּכְמוֹ שֶׁהוּא זָן הָעוֹלָם כֻּלּוֹ
זָן וּמְפַרְנֵס הַמַּשְׁחִית הַזֶּה עַד שֶׁיִּהְיֶה אֶחָד מִשְּׁלֹשָׁה דְבָרִים, אוֹ
שֶׁיָּשׁוּב הַחוֹטֵא בִּתְשׁוּבָה וִיכַלֵּהוּ וִיבַטְּלֵהוּ בְּסִגּוּפָיו, אוֹ יְבַטְּלֵהוּ
שׁוֹפֵט צֶדֶק בְּיִסּוּרִים וּמִיתָה, אוֹ יֵלֵךְ בַּגֵּיהִנָּם וְשָׁם יִפְרַע חוֹבוֹ. וְהַיְנוּ
שֶׁאָמַר קַיִן: "גָּדוֹל עֲוֹנִי מִנְּשׂוֹא", וּפֵרְשׁוּ חֲזַ"ל: כָּל הָעוֹלָם כֻּלּוֹ אַתָּה
סוֹבֵל, יִרְצֶה: זָן וּמְפַרְנֵס, וַעֲוֹנִי כָּבֵד שֶׁאֵין אַתָּה יָכוֹל לְסוֹבְלוֹ?
פֵּרוּשׁ: לְפַרְנְסוֹ עַד שֶׁאָשׁוּב וַאֲתַקֵּן. אִם כֵּן הֲרֵי זֶה מִדַּת סַבְלָנוּת
גְּדוֹלָה, שֶׁיָּזוּן וּמְפַרְנֵס בְּרִיָּה רָעָה שֶׁבָּרָא הַחוֹטֵא עַד שֶׁיָּשׁוּב.
יִלְמֹד הָאָדָם כַּמָּה צָרִיךְ שֶׁיִּהְיֶה סַבְלָן לִסְבֹּל עַל חֲבֵרוֹ וְרָעוֹתָיו
שֶׁהִרְעִיעַ עַד שִׁעוּר כָּזֶה שֶׁעֲדַיִן רָעָתוֹ קַיֶּמֶת, שֶׁחָטָא נֶגְדּוֹ וְהוּא יִסְבֹּל
עַד יְתַקֵּן חֲבֵרוֹ אוֹ עַד שֶׁיִּתְבַּטֵּל מֵאֵלָיו וְכַיּוֹצֵא:

הג׳- וְעוֹבֵר עַל פֶּשַׁע

זוֹ מִדָּה גְּדוֹלָה שֶׁהֲרֵי אֵין הַמְּחִילָה עַל יְדֵי שָׁלִיחַ אֶלָּא עַל יָדוֹ מַמָּשׁ
שֶׁל הַקָּדוֹשׁ בָּרוּךְ הוּא כְּדִכְתִיב (תהלים קל, ד) כִּי עִמְּךָ הַסְּלִיחָה
וְגוֹ׳ וּמַה הִיא הַסְּלִיחָה שֶׁהוּא רוֹחֵץ הֶעָוֹן כְּדִכְתִיב (ישעיה ד, ד)
אִם רָחַץ אֲדֹנָי אֵת צֹאַת בְּנוֹת צִיּוֹן וְגוֹ׳ וְכֵן כָּתִיב (יחזקאל לו, כה)
וְזָרַקְתִּי עֲלֵיכֶם מַיִם טְהוֹרִים וְגוֹ׳ וְהַיְינוּ וְעוֹבֵר עַל פֶּשַׁע שׁוֹלֵחַ מֵימֵי
רְחִיצָה וְעוֹבֵד וְרוֹחֵץ הַפֶּשַׁע.

וְהִנֵּה מַמָּשׁ כִּדְמוּת זֶה צָרִיךְ לִהְיוֹת הָאָדָם שֶׁלֹּא יֹאמַר וְכִי אֲנִי
מְתַקֵּן מַה שֶּׁפְּלוֹנִי חָטָא אוֹ הִשְׁחִית, לֹא יֹאמַר כָּךְ שֶׁהֲרֵי הָאָדָם
חֹטֵא וְהַקָּדוֹשׁ בָּרוּךְ הוּא בְּעַצְמוֹ שֶׁלֹּא עַל יְדֵי שָׁלִיחַ מְתַקֵּן אֶת
מְעֻוָּת וְרוֹחֵץ צֹאַת עֲוֹנוֹ.

וּמִכָּאן יִתְבַּיֵּשׁ הָאָדָם לָשׁוּב לַחֲטֹא שֶׁהֲרֵי הַמֶּלֶךְ בְּעַצְמוֹ רוֹחֵץ
לִכְלוּךְ בְּגָדָיו:

הַד' - לִשְׁאֵרִית נַחֲלָתוֹ

הִנֵּה הַקָּדוֹשׁ בָּרוּךְ הוּא מִתְנַהֵג עִם יִשְׂרָאֵל בְּדֶרֶךְ זֶה לוֹמַר מַה
אֶעֱשֶׂה לְיִשְׂרָאֵל וְהֵם קְרוֹבַי שְׁאֵר בָּשָׂר יֵשׁ לִי עִמָּהֶם שֶׁהֵם בַּת
זוּג לְהַקָּדוֹשׁ בָּרוּךְ הוּא וְקוֹרֵא לָהּ בִּתִּי, אֲחוֹתִי, אִמִּי. כִּדְפֵרְשׁוּ ז"ל
וּכְתִיב יִשְׂרָאֵל עַם קְרוֹבוֹ מַמָּשׁ קַרְבָה יֵשׁ לוֹ עִמָּהֶם וּבָנָיו הֵם. וְהַיְנוּ
לִשְׁאֵרִית נַחֲלָתוֹ לָשׁוֹן שְׁאֵר בָּשָׂר וְסוֹף סוֹף הֵם נַחֲלָתוֹ. וּמַה אָמַר,
אִם אֲעַנְּשֵׁם הֲרֵי הַכְּאֵב עָלַי כִּדְכְּתִיב (יְשַׁעְיָה סג, ט) בְּכָל צָרָתָם לוֹ
צָר. כְּתִיב בְּ'אֶלֶף' לוֹמַר שֶׁצַּעֲרָם מַגִּיעַ לְפֶלֶא הָעֶלְיוֹן וְכָל שֶׁכֵּן לְדוּ
פַּרְצוּפִין שֶׁבָּהֶן עִקַּר הַהַנְהָגָה וְקָרִינַן בְּ'וָאו' לוֹ צָר. וּכְתִיב (שֹׁפְטִים
י, טז): "וַתִּקְצַר נַפְשׁוֹ בַּעֲמַל יִשְׂרָאֵל" לְפִי שֶׁאֵינוֹ סוֹבֵל צַעֲרָם
וּקְלוֹנָם מִפְּנֵי שֶׁהֵם שְׁאֵרִית נַחֲלָתוֹ.

כָּךְ הָאָדָם עִם חֲבֵרוֹ כָּל יִשְׂרָאֵל הֵם שְׁאֵר בָּשָׂר אֵלּוּ עִם אֵלּוּ מִפְּנֵי
שֶׁהַנְּשָׁמוֹת כְּלוּלוֹת יַחַד יֵשׁ בָּזֶה חֵלֶק זֶה וּבָזֶה חֵלֶק זֶה, וּלְכָךְ אֵינוֹ
דוֹמֶה מְרֻבִּים הָעוֹשִׂים אֶת הַמִּצְווֹת וְכ"ז מִפְּנֵי כְּלָלוּתָם, וּלְכָךְ פֵּרְשׁוּ
רַבּוֹתֵינוּ זִכְרוֹנָם לִבְרָכָה עַל הַנִּמְנֶה מֵעֲשָׂרָה רִאשׁוֹנִים בְּבֵית הַכְּנֶסֶת
אֲפִלּוּ מֵאָה בָּאִים אַחֲרָיו מְקַבֵּל שָׂכָר כְּנֶגֶד כֻּלָּם, מֵאָה מַמָּשׁ
כְּמַשְׁמָעוֹ, מִפְּנֵי שֶׁהָעֲשָׂרָה הֵם כְּלוּלִים אֵלּוּ בְּאֵלּוּ הֲרֵי הֵם עֲשָׂרָה
פְּעָמִים עֲשָׂרָה מֵאָה וְכָל אֶחָד מֵהֶם כָּלוּל מִמֵּאָה אִם כֵּן אֲפִלּוּ יָבוֹאוּ
מֵאָה הוּא יֵשׁ לוֹ שָׂכָר מֵאָה, וְכֵן מִטַּעַם זֶה יִשְׂרָאֵל עֲרֵבִים זֶה לָזֶה
מִפְּנֵי שֶׁמַּמָּשׁ יֵשׁ בְּכָל אֶחָד חֵלֶק אֶחָד מֵחֲבֵרוֹ וּכְשֶׁחוֹטֵא הָאֶחָד
פּוֹגֵם אֶת עַצְמוֹ וּפוֹגֵם חֵלֶק אֲשֶׁר לַחֲבֵרוֹ בּוֹ, נִמְצָא מִצַּד הַחֵלֶק
הַהוּא חֲבֵרוֹ עָרֵב עָלָיו. אִם כֵּן הֵם שְׁאֵר זֶה עִם זֶה וּלְכָךְ רָאוּי לְאָדָם
לִהְיוֹתוֹ חָפֵץ בְּטוֹבָתוֹ שֶׁל חֲבֵרוֹ וְעֵינוֹ טוֹבָה עַל טוֹבַת חֲבֵרוֹ וּכְבוֹדוֹ
יִהְיֶה חָבִיב עָלָיו כְּשֶׁלּוֹ שֶׁהֲרֵי הוּא הוּא מַמָּשׁ, וּמִטַּעַם זֶה נִצְטַוֵּינוּ
(וַיִּקְרָא יט, יח): "וְאָהַבְתָּ לְרֵעֲךָ כָּמוֹךָ" וְרָאוּי שֶׁיִּרְצֶה בְּכַשְׁרוּת
חֲבֵרוֹ וְלֹא יְדַבֵּר בִּגְנוּתוֹ כְּלָל וְלֹא יִרְצֶה בּוֹ כְּדֶרֶךְ שֶׁאֵין הַקָּדוֹשׁ בָּרוּךְ
הוּא רוֹצֶה בִּגְנוּתֵנוּ וְלֹא בְּצַעֲרֵנוּ מִטַּעַם הַקִּרְבָה, אַף הוּא לֹא יִרְצֶה
בִּגְנוּת חֲבֵרוֹ וְלֹא בְּצַעֲרוֹ וְלֹא בְּקַלְקוּלוֹ וְיֵרַע לוֹ מִמֶּנּוּ כְּאִלּוּ הוּא
מַמָּשׁ הָיָה שָׁרוּי בְּאוֹתוֹ צַעַר אוֹ בְּאוֹתוֹ טוֹבָה:

הַה' - לֹא הֶחֱזִיק לָעַד אַפּוֹ

זוֹ מִדָּה אַחֶרֶת שֶׁאָפְלוּ שֶׁהָאָדָם מַחֲזִיק בַּחֵטְא, אֵין הַקָּדוֹשׁ בָּרוּךְ
הוּא מַחֲזִיק אַף, וְאִם מַחֲזִיק לֹא לָעַד אֶלָּא יְבַטֵּל כַּעֲסוֹ אֲפִלּוּ שֶׁלֹּא
יָשׁוּב הָאָדָם, כְּמוֹ שֶׁמָּצִינוּ בִּימֵי יָרָבְעָם בֶּן יוֹאָשׁ שֶׁהֶחֱזִיר הַקָּדוֹשׁ
בָּרוּךְ הוּא גְּבוּל יִשְׂרָאֵל וְהֵם הָיוּ עוֹבְדִים עֲגָלִים וְרִחֵם עֲלֵיהֶם וְלֹא
שָׁבוּ אִם כֵּן לָמָּה רִחֵם, בִּשְׁבִיל מִדָּה זוֹ שֶׁלֹּא הֶחֱזִיק לָעַד אַפּוֹ
אַדְּרַבָּא מַחֲלִישׁ אַפּוֹ עִם הֱיוֹת שֶׁעֲדַיִן הַחֵטְא קַיָּם אֵינוֹ מַעֲנִישׁ אֶלָּא
מְצַפֶּה וּמְרַחֵם אוּלַי יָשׁוּבוּ, וְהַיְנוּ כִּי לֹא לָנֶצַח אָרִיב וְלֹא לְעוֹלָם
אֶטּוֹר אֶלָּא הַקָּדוֹשׁ בָּרוּךְ הוּא מִתְנַהֵג בְּרַכּוּת וּבַקָּשׁוּת הַכֹּל לְטוֹבַת
יִשְׂרָאֵל.

וְזוֹ מִדָּה רְאוּיָה לָאָדָם לְהִתְנַהֵג בָּהּ עַל חֲבֵרוֹ אֲפִלּוּ שֶׁהוּא רַשַּׁאי
לְהוֹכִיחַ בְּיִסּוּרִים אֶת חֲבֵרוֹ אוֹ אֶת בָּנָיו וְהֵם מִתְיַסְּרִים לֹא מִפְּנֵי
זֶה יַרְבֶּה תּוֹכַחְתּוֹ וְלֹא יַחֲזִיק כַּעֲסוֹ אֲפִלּוּ שֶׁכָּעַס אֶלָּא יְבַטְּלֶנּוּ וְלֹא
יַחֲזִיק לָעַד אַפּוֹ, גַּם אִם הוּא אַף הוּא הַמֻּתָּר לָאָדָם כְּעֵין שֶׁפֵּרְשׁוּ כִּי
תִרְאֶה חֲמוֹר שֹׂנַאֲךָ וְגוֹ' וּפֵרְשׁוּ מַה הִיא הַשִּׂנְאָה הַזֹּאת שֶׁרָאָה
אוֹתוֹ עוֹבֵר עֲבֵרָה וְהוּא יָחִיד וְאֵינוֹ יָכוֹל לְהָעִיד וְשֹׂנֵא אוֹתוֹ עַל דְּבַר
עֲבֵרָה וַאֲפִלּוּ הָכִי אָמְרָה תּוֹרָה עָזֹב תַּעֲזֹב עִמּוֹ שְׁבוֹק יָת דְּבִלְבָּךְ
אֶלָּא מִצְוָה לְקָרֵב אוֹתוֹ בְּאַהֲבָה אוּלַי יוֹעִיל בְּדֶרֶךְ זוֹ וְהַיְנוּ מַמָּשׁ
מִדָּה זוֹ לֹא הֶחֱזִיק לָעַד אַפּוֹ:

הו' - כִּי חָפֵץ חֶסֶד הוּא

הֲלֹא כְּבָר פֵּרַשְׁנוּ בִּמְקוֹמוֹ שֶׁיֵּשׁ בַּהֵיכָל יָדוּעַ מַלְאָכִים מְמֻנִּים
לְקַבֵּל גְּמִילוּת חֶסֶד שֶׁאָדָם עוֹשֶׂה בָּעוֹלָם הַזֶּה, וְכַאֲשֶׁר מִדַּת הַדִּין
מְקַטְרֶגֶת עַל יִשְׂרָאֵל, מִיָּד אֹתָם הַמַּלְאָכִים מַרְאִים הַחֶסֶד הַהוּא
וְהַקָּדוֹשׁ בָּרוּךְ הוּא מְרַחֵם עַל יִשְׂרָאֵל מִפְּנֵי שֶׁהוּא חָפֵץ בְּחֶסֶד, וְעִם
הֱיוֹת שֶׁהֵם חַיָּבִים אִם הֵם גּוֹמְלִים חֶסֶד זֶה לָזֶה - מְרַחֵם עֲלֵיהֶם,
וּכְמוֹ שֶׁהָיָה בִּזְמַן הַחֻרְבָּן שֶׁנֶּאֱמַר לְגַבְרִיאֵל (יְחֶזְקֵאל י, ב) בֹּא אֶל
בֵּינוֹת לַגַּלְגַּל וְגוֹ' כִּי הוּא שַׂר הַדִּין וְהַגְּבוּרָה וְנָתַן לוֹ רְשׁוּת לְקַבֵּל
כֹּחוֹת הַדִּין בֵּינוֹת לַגַּלְגַּל מִתַּחַת לַכְּרוּבִים מֵאֵשׁ הַמִּזְבֵּחַ דְּהַיְנוּ דִּין
גְּבוּרַת הַמַּלְכוּת וְהָיָה הַדִּין מִתְחַזֵּק עַד שֶׁיְּבַקֵּשׁ לְכַלּוֹת אֶת הַכֹּל
לְקַעֲקֵעַ בֵּיצָתָן שֶׁל יִשְׂרָאֵל מִפְּנֵי שֶׁנִּתְחַיְּבוּ כְּלָיָה וּכְתִיב (שָׁם, ח)
וַיֵּרָא לַכְּרוּבִים תַּבְנִית יַד אָדָם תַּחַת כַּנְפֵיהֶם וְהַיְנוּ שֶׁאָמַר הַקָּדוֹשׁ
בָּרוּךְ הוּא לְגַבְרִיאֵל הֵם גּוֹמְלִים חֲסָדִים אֵלּוּ עִם אֵלּוּ וְאַף אִם הֵם
חַיָּבִים נִצּוֹלוּ וְהָיָה לָהֶם שְׁאֵרִית. וְהַטַּעַם מִפְּנֵי מִדָּה זוֹ כִּי חָפֵץ חֶסֶד
הוּא רוֹצֶה בַּמֶּה שֶׁיִּשְׂרָאֵל גּוֹמְלִים חֶסֶד וְאוֹתוֹ צַד מַזְכִּיר לָהֶם עִם
הֱיוֹת שֶׁאֵינָם כְּשֵׁרִים בְּצַד אַחֵר.

אִם כֵּן בְּסֵדֶר זוֹ רָאוּי לְאָדָם לְהִתְנַהֵג אַף אִם רָאָה שֶׁאָדָם עוֹשֶׂה לוֹ
רַע וּמַכְעִיסוֹ אִם יֵשׁ בּוֹ צַד טוֹבָה שֶׁמֵּטִיב לַאֲחֵרִים אוֹ מִדָּה טוֹבָה
שֶׁמִּתְנַהֵג כַּשּׁוּרָה יַסְפִּיק לוֹ צַד זֶה לְבַטֵּל כַּעֲסוֹ מֵעָלָיו וְיִרְצֶה לִבּוֹ
עִמּוֹ וְיַחְפֹּץ חֶסֶד וְיֹאמַר דַּי לִי בְּטוֹבָה זוֹ שֶׁיֵּשׁ לוֹ וְכָל שֶׁכֵּן בְּאִשְׁתּוֹ
כְּדְפֵרְשׁוּ רַבּוֹתֵינוּ זִכְרוֹנָם לִבְרָכָה (יְבָמוֹת סג, א) דַּיֵּנוּ שֶׁמְּגַדְּלוֹת
אֶת בָּנֵינוּ וּמַצִּילוֹת אוֹתָנוּ מִן הַחֵטְא, כָּךְ יֹאמַר עַל כָּל אָדָם דַּי
לִי בְּטוֹבָה פְּלוֹנִית שֶׁעָשָׂה לִי אוֹ שֶׁעָשָׂה עִם פְּלוֹנִי אוֹ מִדָּה טוֹבָה
פְּלוֹנִית שֶׁיֵּשׁ לוֹ יִהְיֶה לוֹ חָפֵץ חֶסֶד:

הז' - יָשׁוּב יְרַחֲמֵנוּ

הִנֵּה אֵין הַקָּדוֹשׁ בָּרוּךְ הוּא מִתְנַהֵג כְּמִדַּת בָּשָׂר וָדָם שֶׁכְּעִיסוֹ
חֲבֵרוֹ כְּשֶׁהוּא מִתְרַצֶּה עִמּוֹ מִתְרַצֶּה מְעַט לֹא כְּאַהֲבָה הַקּוֹדֶמֶת.
אֲבָל אִם חָטָא אָדָם וְעָשָׂה תְּשׁוּבָה, מַעֲלָתוֹ יוֹתֵר גְּדוֹלָה עִם הַקָּדוֹשׁ
בָּרוּךְ הוּא, וְהַיְנוּ (בְּרָכוֹת לד:) "בִּמְקוֹם שֶׁבַּעֲלֵי תְּשׁוּבָה עוֹמְדִים
אֵין צַדִּיקִים גְּמוּרִים יְכוֹלִין לַעֲמוֹד". וְהַטַּעַם כְּדְפֵרְשׁוּ בְּפֶרֶק הַבּוֹנֶה
(לְפָנֵינוּ הוּא בִּמְנָחוֹת כט:) בְּעִנְיַן ה לָמָּה הִיא עֲשׂוּיָה כְּאַכְסַדְרָא
שֶׁכָּל הָרוֹצֶה לָצֵאת מֵעוֹלָמוֹ יֵצֵא, פֵּרוּשׁ הָעוֹלָם נִבְרָא בַּה' וְהַקָּדוֹשׁ
בָּרוּךְ הוּא בָּרָא הָעוֹלָם פָּתוּחַ לְצַד הָרַע וְהַחֵטְא לִרְוָחָה אֵין צַד
שֶׁאֵין חוֹמֶר וְיֵצֶר הָרַע וּפְגָם כְּמִין אַכְסַדְרָא, אֵינוּ בַּעַל גְּדָרִים אֶלָּא
פִּרְצָה גְדוֹלָה פְרוּצָה לְצַד הָרַע לְצַד מַטָּה כָּל מִי שֶׁיִּרְצֶה לָצֵאת
מֵעוֹלָמוֹ כַּמָּה פְּתָחִין לוֹ לֹא יִפְנֶה לְצַד שֶׁלֹּא יִמְצָא צַד חֵטְא וְעָוֹן
לִכָּנֵס אֶל הַחִיצוֹנִים, וְהִיא פְּתוּחָה מִלְמַעְלָה שֶׁאִם יָשֵׁב יְקַבְּלוּהוּ.
וְהִקְשׁוּ וּלְהַדְרוּהוּ בְּהַאי, לֹא מִסְתַּיְעָא מִלְתָא, רְצוּ בָּזֶה שֶׁהַשָּׁב
בִּתְשׁוּבָה לֹא יַסְפִּיק לוֹ שֶׁיִּהְיֶה נִגְדָּר בֶּעָוֹן כְּגֶדֶר הַצַּדִּיקִים מִפְּנֵי
שֶׁהַצַּדִּיקִים שֶׁלֹּא חָטְאוּ גֶּדֶר מְעַט יַסְפִּיק אֲלֵיהֶם אָמְנָם הַחוֹטֵא
שֶׁחָטָא וְשָׁב לֹא יַסְפִּיק לוֹ גֶּדֶר מְעַט אֶלָּא צָרִיךְ לְהַגְדִּיר עַצְמוֹ כַּמָּה
גְּדָרִים קָשִׁים מִפְּנֵי שֶׁאֹתוֹ הַגֶּדֶר הַמְעַט כְּבָר נִפְרַץ פַּעַם אַחַת אִם
יִתְקָרֵב שָׁם בְּקַל יְפַתֵּהוּ יִצְרוֹ אֶלָּא צָרִיךְ לְהִתְרַחֵק הֶרְחֵק גָּדוֹל מְאֹד,
וְלָזֶה לֹא יִכָּנֵס דֶּרֶךְ פֶּתַח הָאַכְסַדְרָה שֶׁהַפִּרְצָה שָׁם אֶלָּא יִתְעַלֶּה
וְיִכָּנֵס דֶּרֶךְ פֶּתַח צַר וְיַעֲשֶׂה כַּמָּה צָרוֹת וְסִגּוּפִים לְעַצְמוֹ וְיִסְתֹּם
הַפְּרָצוֹת.

וּמִטַּעַם זֶה בִּמְקוֹם שֶׁבַּעֲלֵי תְּשׁוּבָה עוֹמְדִים וְכוּ' מִפְּנֵי שֶׁלֹּא נִכְנְסוּ
דֶּרֶךְ פֶּתַח הַצַּדִּיקִים כְּדֵי שֶׁיִּהְיוּ עִם הַצַּדִּיקִים, אֶלָּא נִצְטַעֲרוּ וְעָלוּ
דֶּרֶךְ פֶּתַח הָעֶלְיוֹן וְסִגְּפוּ עַצְמָן וְנִבְדְּלוּ מִן הַחֵטְא יוֹתֵר וְיוֹתֵר מִן
הַצַּדִּיקִים לְכָךְ עָלוּ וְעָמְדוּ בְּמַדְרֵגָה ה' הֵיכָל חֲמִישִׁי שֶׁבַּגַּן עֵדֶן דְּהַיְנוּ
גַּג הֵה"א וְצַדִּיקִים בְּפֶתַח הֵה"א בִּכְנִיסַת הָאַכְסַדְרָא וְלָזֶה כַּאֲשֶׁר
הָאָדָם יַעֲשֶׂה תְּשׁוּבָה דְּהַיְנוּ תָּשׁוּב ה' אֶל מְקֹמָהּ, וְיַחֲזִיר הַקָּדוֹשׁ

בָּרוּךְ הוּא שְׁכִינָתוֹ עָלָיו אֵינוֹ שָׁב כְּאַהֲבָה הָרִאשׁוֹנָה בִּלְבַד, אֶלָּא
יוֹתֵר וְיוֹתֵר. וְהַיְנוּ "יָשׁוּב יְרַחֲמֵנוּ" שֶׁיּוֹסִיף רַחֲמִים לְיִשְׂרָאֵל וְיִתַקְנֵם
וִיקָרְבֵם יוֹתֵר.

וְכָךְ הָאָדָם צָרִיךְ לְהִתְנַהֵג עִם חֲבֵרוֹ לֹא יִהְיֶה נוֹטֵר אֵיבָה מֵהַכַּעַס
הַקּוֹדֵם אֶלָּא כְּשֶׁיִּרְאֶה שֶׁחֲבֵרוֹ מְבַקֵּשׁ אַהֲבָתוֹ יִהְיֶה לוֹ בְּמַדְרֵגַת
רַחֲמִים וְאַהֲבָה יוֹתֵר וְיוֹתֵר מִקֹּדֶם וְיֹאמַר הֲרֵי הוּא לִי כְּבַעֲלֵי
תְּשׁוּבָה שֶׁאֵין צַדִּיקִים גְּמוּרִים יְכוֹלִים לַעֲמֹד אֶצְלָם וִיקָרְבֵהוּ תַּכְלִית
קָרְבָה יוֹתֵר מִמַּה שֶּׁמְּקָרֵב אֹתָם שֶׁהֵם צַדִּיקִים גְּמוּרִים עִמּוֹ שֶׁלֹּא
חָטְאוּ אֶצְלוֹ:

הַח' - יְכַבֵּשׁ עֲוֹנוֹתֵינוּ

הֲרֵי הַקָּדוֹשׁ בָּרוּךְ הוּא מִתְנַהֵג עִם יִשְׂרָאֵל בְּמִדָּה זוֹ וְהִיא סוֹד כְּבִישַׁת הֶעָוֹן. כִּי הִנֵּה הַמִּצְוֹת הִיא כְּפֹרַחַת עָלְתָה נִצָּהּ וּבֹקֵעַ וְעוֹלֶה עַד אֵין תַּכְלִית לִכְּנֵס לְפָנָיו יִתְבָּרֵךְ אָמְנָם הָעֲוֹנוֹת אֵין לָהֶם כְּנִיסָה שָׁם ח"ו אֶלָּא כֹּבְשָׁם שֶׁלֹּא יִכָּנְסוּ כְּדִכְתִיב (תְּהִלִּים ה, ה) "לֹא יְגֻרְךָ רָע" - לֹא יָגוּר בִּמְגוּרֶךָ רָע אִם כֵּן אֵין הֶעָוֹן נִכְנָס פְּנִימָה. וּמִטַּעַם זֶה "שְׂכַר מִצְוָה בְּהַאי עָלְמָא לֵיכָּא" (קִדּוּשִׁין לט.) מִפְּנֵי שֶׁהֵם לְפָנָיו יִתְבָּרֵךְ וְהַאִיךְ יִתֵּן לוֹ מִמַּה שֶׁלְּפָנָיו שָׂכָר רוּחָנִי בָּעוֹלָם גַּשְׁמִי וַהֲרֵי כָּל הָעוֹלָם אֵינוֹ כְּדַאי לְמִצְוָה אַחַת וּלְקוֹרַת רוּחַ אֲשֶׁר לְפָנָיו. וּמִטַּעַם זֶה לֹא יִקַּח שֹׁחַד שֶׁל מִצְוֹת, הַמָּשָׁל בָּזֶה, אֵין הַקָּדוֹשׁ בָּרוּךְ הוּא אוֹמֵר עָשָׂה אַרְבָּעִים מִצְוֹת וְעָשָׂר עֲבֵרוֹת נִשְׁאֲרוּ שְׁלֹשִׁים מִצְוֹת וְיֵלְכוּ עֶשֶׂר בְּעֶשֶׂר חַס וְשָׁלוֹם אֶלָּא אֲפִלּוּ צַדִּיק גָּמוּר וְעָשָׂה עֲבֵרָה אַחַת דּוֹמֶה לְפָנָיו כְּאִלּוּ שָׂרַף אֶת הַתּוֹרָה עַד שֶׁיְּרַצֶּה חוֹבוֹ וְאַחַר כָּךְ יְקַבֵּל שְׂכַר כָּל מִצְוֹתָיו. וְזֶה חֶסֶד גָּדוֹל שֶׁעוֹשֶׂה הַקָּדוֹשׁ בָּרוּךְ הוּא עִם הַצַּדִּיקִים שֶׁאֵינוֹ מְנַכֶּה מִפְּנֵי שֶׁהַמִּצְוֹת חֲשׁוּבוֹת מְאֹד וּמִתְעַלּוֹת עַד לְפָנָיו יִתְבָּרֵךְ, וְהַאִיךְ יְנַכֶּה מֵהֶן בִּשְׁבִיל הָעֲבֵרוֹת כִּי שְׂכַר הָעֲבֵרָה הוּא מֵחֵלֶק הַגֵּיהִנֹּם - מֵהַנִּבְזֶה, וְהַמִּצְוֹת שְׂכָרָן מֵהַנִּכְבָּד זִיו שְׁכִינָה, הַאִיךְ יְנַכֶּה אֵלּוּ בְּצַד אֵלּוּ אֶלָּא הַקָּדוֹשׁ בָּרוּךְ הוּא גּוֹבֶה חוֹב הָעֲבֵרוֹת וּמַשְׂכִּיר שְׂכַר כָּל הַמִּצְוֹת. וְהַיְנוּ יְכַבֵּשׁ עֲוֹנוֹתֵינוּ שֶׁאֵין הָעֲוֹנוֹת מִתְגַּבְּרִים לְפָנָיו כְּמִצְוֹת אֶלָּא כּוֹבֵשׁ אוֹתָם שֶׁלֹּא יִתְעַלּוּ וְלֹא יִכָּנְסוּ עִם הֱיוֹת שֶׁהוּא מַשְׁגִּיחַ עַל דַּרְכֵי אִישׁ הַטּוֹב וְהָרַע עִם כָּל זֶה הַטּוֹב אֵינוֹ כּוֹבְשׁוֹ אֶלָּא פּוֹרֵחַ וְעוֹלֶה עַד לִמְאֹד וְנִכְלַל מִצְוָה בְּמִצְוָה וְנִבְנֶה מִמֶּנּוּ בִּנְיָן וּלְבוּשׁ נִכְבָּד וַעֲוֹנוֹת אֵין לָהֶם סְגֻלָּה זוֹ אֶלָּא כּוֹבֵשׁ אוֹתָם שֶׁלֹּא יַצְלִיחוּ הַצְלָחָה זוֹ וְלֹא יִכָּנְסוּ פְּנִימָה.

אַף מִדָּה זוֹ צָרִיךְ הָאָדָם לְהִתְנַהֵג בָּהּ שֶׁלֹּא יִכְבֹּשׁ טוֹבַת חֲבֵרוֹ וְיִזְכֹּר רָעָתוֹ שֶׁגְּמָלָהוּ אֶלָּא אַדְּרַבָּה יִכְבֹּשׁ הָרַע וְיִשְׁכָּחֵהוּ וְיַזְנִיחֵהוּ וְלֹא יָגוּר בִּמְגוּרוֹ רָע וְתִהְיֶה הַטּוֹבָה סְדוּרָה תָּמִיד לְפָנָיו וְיִזְכֹּר לוֹ הַטּוֹבָה

וְיַגְבִּיר לוֹ עַל כָּל הַמַּעֲשִׂים שֶׁעָשָׂה לוֹ וְלֹא יְנַכֶּה בְּלִבּוֹ וְיֹאמַר אִם
עָשָׂה לִי טוֹבָה הֲרֵי עָשָׂה לִי רָעָה וְיִשְׁכַּח הַטּוֹבָה לֹא יַעֲשֶׂה כֵן אֶלָּא
בְּרָעָה יִתְרַצֶּה כָּל דֶּרֶךְ רִצּוּי שֶׁיּוּכַל וְהַטּוֹבָה אַל יַזְנִיחָהּ לְעוֹלָם מִבֵּין
עֵינָיו וְיַעֲלִים עֵינוֹ מִן הָרָעָה כָּל מַה שֶׁיּוּכַל כְּדֶרֶךְ שֶׁהַקָּדוֹשׁ בָּרוּךְ
הוּא כּוֹבֵשׁ עֲוֹנוֹת כִּדְפֵרַשְׁתִּי:

הט' - וְתַשְׁלִיךְ בִּמְצֻלוֹת יָם כָּל חַטֹּאותָם

זוֹ מִדָּה טוֹבָה לְהַקָּדוֹשׁ בָּרוּךְ הוּא שֶׁאַחֲרֵי יִשְׂרָאֵל חָטְאוּ מְסָרָם
בְּיַד פַּרְעֹה וְשָׁבוּ בִּתְשׁוּבָה לָמָּה יַעֲנִישׁ פַּרְעֹה וְכֵן סַנְחֵרִיב וְכֵן הָמָן
וְדוֹמֵיהֶם אֵין הַקָּדוֹשׁ בָּרוּךְ הוּא מִתְנַחֵם בִּלְבַד לוֹמַר שָׁבוּ בִּתְשׁוּבָה
אִם כֵּן לֹא יִהְיֶה לָהֶם עוֹד רָעָה אִם כֵּן יִסְתַּלֵּק הָמָן מֵעֲלֵיהֶם אוֹ
פַּרְעֹה אוֹ סַנְחֵרִיב זֶה לֹא יַסְפִּיק אֶלָּא יָשׁוּב עֲמַל הָמָן עַל רֹאשׁוֹ
וְכֵן פַּרְעֹה וְכֵן סַנְחֵרִיב וְהַטַּעַם לְהַנְהָגָה זוֹ הִיא בַּסּוֹד (וַיִּקְרָא טז,
כב): "וְנָשָׂא הַשָּׂעִיר עָלָיו אֶת כָּל עֲוֹנֹתָם אֶל אֶרֶץ גְּזֵרָה" וּפֵרוּשׁוֹ
שֶׁהַשָּׂעִיר נוֹשֵׂא עֲוֹנוֹת מַמָּשׁ, וְזֶה קָשֶׁה מְאֹד וְכִי יִשְׂרָאֵל חָטְאוּ
וְהַשָּׂעִיר נוֹשֵׂא. אֶלָּא הַמִּדָּה הִיא כָּךְ הָאָדָם מִתְוַדֶּה וְכַוָּנָתוֹ בַּוִּדּוּי
לְקַבֵּל עָלָיו טָהֳרָה כְּעִנְיָן שֶׁאָמַר דָּוִד (תְּהִלִּים נא, ד): "הֶרֶב כַּבְּסֵנִי
מֵעֲוֹנִי" וְכֵן הוּא אָמְרוּ "מְרוֹק בְּרַחֲמֶיךָ הָרַבִּים" אֵינוֹ מִתְפַּלֵּל אֶלָּא
שֶׁיִּהְיוּ יִסּוּרִים קַלִּים שֶׁלֹּא יִהְיֶה בָּהֶם בִּטּוּל תּוֹרָה. וְזֶה שֶׁאוֹמְרִים
"אֲבָל לֹא עַל יְדֵי יִסּוּרִים רָעִים" וְכָךְ הוּא מְכַוֵּן בִּהְיוֹתוֹ אוֹמֵר
"וְאַתָּה צַדִּיק עַל כָּל הַבָּא עָלַי" מַמָּשׁ הוּא מְקַבֵּל יִסּוּרִים בְּסֵבֶר
פָּנִים יָפוֹת לְהִתְכַּפֵּר מִפְּנֵי שֶׁיֵּשׁ עֲוֹנוֹת שֶׁיִּסּוּרִים מְמָרְקִים אוֹ מִיתָה
מְמָרֶקֶת. וְכָךְ הִיא הַמִּדָּה מִיַּד שֶׁזֶּה מִתְוַדֶּה בִּתְפִלָּתוֹ וּפֵרְשׁוּ בַּזֹּהַר
בְּפָרָשַׁת פְּקוּדֵי (דַּף רסב:) שֶׁהוּא חֵלֶק סמא"ל כְּעֵין הַשָּׂעִיר, מַהוּ
חֶלְקוֹ שֶׁהַקָּדוֹשׁ בָּרוּךְ הוּא גּוֹזֵר עָלָיו יִסּוּרִים וּמִיַּד מִזְדַּמֵּן שָׁם
סמא"ל וְהוֹלֵךְ וְגוֹבֶה חוֹבוֹ וַהֲרֵי נוֹשֵׂא הַשָּׂעִיר הָעֲוֹנוֹת שֶׁהַקָּדוֹשׁ
בָּרוּךְ הוּא נוֹתֵן לוֹ רְשׁוּת לִגְבּוֹת חוֹבוֹ וְיִשְׂרָאֵל מִתְטַהֲרִים וְהִנֵּה הַכֹּל
יִתְגַּלְגֵּל עַל סמא"ל, וְהַטַּעַם שֶׁהַקָּדוֹשׁ בָּרוּךְ הוּא גָּזַר עַל עוֹלָמוֹ שֶׁכָּל
מִי שֶׁיַּעֲשֶׂה כֵן יִתְבַּטֵּל, וְזֶה טַעַם "וְאֶת הַבְּהֵמָה תַּהֲרֹגוּ" (וַיִּקְרָא כ,
טו) וְכֵן הָאֶבֶן שֶׁל מִצְוַת הַנִּסְקָלִין וְהַסַּיִף שֶׁל מִצְוַת הַנֶּהֱרָגִין טְעוּנִין
קְבוּרָה (סַנְהֶדְרִין מה:) לְבַטֵּל מְצִיאוּתָם וְכֹחָם אַחַר שֶׁיִּגָּמֵר דִּינָם.
וַהֲרֵי בָּזֶה מַמָּשׁ סוֹד הַצֶּלֶם שֶׁל נְבוּכַדְנֶאצַּר נִמְסְרוּ יִשְׂרָאֵל בְּיַד מֶלֶךְ
בָּבֶל "רֵישָׁא דִּי דַהֲבָא" (דָּנִיֵּאל ב, לב) נִכְנַע הַהוּא רֵישָׁא וְנִמְסְרוּ
בְּיַד פָּרַס שֶׁהֵן "חֲדוֹהִי וּדְרָעוֹהִי דִּי כְסַף" וְכֵן נִדְחוּ אֵלּוּ מִפְּנֵי אֵלּוּ

100

עַד שֶׁיָּרְדוּ יִשְׂרָאֵל לְ"רַגְלֹוהִי מִנְּהֵון דִּי פַרְזֶל וּמִנְּהֵון דִּי חֲסַף" (שָׁם,
לג) וּמַה יִּהְיֶה תַּכְלִית הַטֹּוב בַּסֹּוף הַקָּדֹושׁ בָּרוּךְ הוּא מַעֲמִידָם
וְעֹושֶׂה בָּהֶם דִּין כְּדִכְתִיב (דְּבָרִים לב, כג): "חִצַּי אֲכַלֶּה בָם" חִצַּי
כָּלִים וְיִשְׂרָאֵל אֵינָם כָּלִים "בֵּאדַיִן דָּקוּ כַחֲדָא דַּהֲבָא כַּסְפָּא וּנְחָשָׁא
וְכוּ'" (שָׁם, לה) הִנֵּה בַּהַתְחָלָה כְּתִיב (שָׁם, לד) "וּמְחָת לְצַלְמָא
עַל רַגְלֹוהִי" אֵין מִכָּל הַצֶּלֶם אֶלָּא רַגְלָיו שֶׁכְּבָר נִתְבַּטֵּל כֹּחָם וְעָבְרוּ
רֹאשׁ וּדְרָעֹוהִי וּמְעֹוהִי וְעִם כָּל זֶה בַּסֹּוף דָּקוּ כַּחֲדָא, עָתִיד הַקָּדֹושׁ
בָּרוּךְ הוּא לְהַעֲמִיד סמא"ל וְהָרְשָׁעִים עֹושֵׂי מַעֲשָׂיו וּפְעֻלֹּותָיו
וַיַּעֲשֶׂה בָּהֶם הַדִּין. וְהַיְנוּ "וְתַשְׁלִיךְ בִּמְצֻלֹות יָם כָּל חַטֹּאותָם", יְרַצֶּה
הַשְׁלִיךְ כֹּחַ הַדִּין לְהַפִּיל עַל יְדֵי אֵלּוּ שֶׁהֵם מְצוּלֹות יָם "וְהָרְשָׁעִים
כַּיָּם נִגְרָשׁ כִּי הַשְׁקֵט לֹא יוּכָל וַיִּגְרְשׁוּ מֵימָיו רֶפֶשׁ וָטִיט" (יְשַׁעְיָהוּ
נז, כ) אֵלּוּ הֵם הָעֹושִׂים דִּין בְּיִשְׂרָאֵל שֶׁיָּשׁוּב אַחַר כָּךְ כָּל גְּמוּלָם
בְּרֹאשָׁם, וְהַטַּעַם מִפְּנֵי שֶׁאַחַר שֶׁיִּשְׂרָאֵל קִבְּלוּ הַדִּין הַקָּדֹושׁ בָּרוּךְ
הוּא מִתְנַחֵם אֲפִלּוּ עַל מַה שֶּׁקָּדַם וְתֹובֵעַ עֶלְבֹּונָם וְלֹא דַּי אֶלָּא "אֲנִי
קָצַפְתִּי מְעָט וְהֵמָּה עָזְרוּ לְרָעָה" (זְכַרְיָה א, טו).
גַּם בְּמִדָּה זֹו צָרִיךְ לְהִתְנַהֵג הָאָדָם עִם חֲבֵרֹו, אֲפִלּוּ שֶׁיִּהְיֶה רָשָׁע
מְדֻכָּא בְּיִסּוּרִין אַל יִשְׂנָאֵהוּ שֶׁאַחַר שֶׁנִּקְלָה הֲרֵי הוּא כְּאָחִיךְ (מַכֹּות
כג.) וִיקָרֵב הַמְרוּדִים וְהַנֶּעֱנָשִׁים וִירַחֵם עֲלֵיהֶם וְאַדְּרַבָּה יַצִּילֵם מִיַּד
אֹויֵב וְאַל יֹאמַר עֲוֹנֹו גָּרַם לֹו אֶלָּא יְרַחֲמֵהוּ בְּמִדָּה זֹו כִּדְפֵרַשְׁתִּי:

הי' – תִּתֵּן אֱמֶת לְיַעֲקֹב

מִדָּה זוֹ הִיא, שֶׁיֵּשׁ בְּיִשְׂרָאֵל מַעֲלָה, אַתָּם הַבֵּינוֹנִיִּים שֶׁאֵינָם יוֹדְעִים
לְהִתְנַהֵג לִפְנִים מִשּׁוּרַת הַדִּין וְהֵם נִקְרָאִים יַעֲקֹב מִפְּנֵי שֶׁאֵינָם
מִתְנַהֲגִים אֶלָּא עִם הַנְהָגוֹת אֲמִתִּיוֹת גַּם הַקָּדוֹשׁ בָּרוּךְ הוּא יֵשׁ
לוֹ מִדַּת אֱמֶת שֶׁהוּא עַל צַד מְצִיאוּת הַמִּשְׁפָּט הַיָּשָׁר, וְאִלּוּ הֵם
הַמִּתְנַהֲגִים בָּעוֹלָם בְּיֹשֶׁר וְהַקָּדוֹשׁ בָּרוּךְ הוּא מִתְנַהֵג עִמָּהֶם בֶּאֱמֶת
מְרַחֵם עֲלֵיהֶם עַל צַד הַיָּשָׁר וְהַמִּשְׁפָּט.

גַּם כֵּן הָאָדָם צָרִיךְ לְהִתְנַהֵג עִם חֲבֵרוֹ עַל צַד הַיָּשָׁר וְהָאֱמֶת בְּלִי
לְהַטּוֹת מִשְׁפָּט חֲבֵרוֹ לְרַחֵם עָלָיו בֶּאֱמֶת כְּמוֹ שֶׁהַשֵּׁם יִתְבָּרַךְ מְרַחֵם
עַל הַבְּרִיּוֹת הַבֵּינוֹנִיִּים בְּמִדַּת אֱמֶת לְתַקֵּן אֹתָם:

הי"ב - אֲשֶׁר נִשְׁבַּעְתָּ לַאֲבֹתֵינוּ

יֵשׁ בְּנֵי אָדָם שֶׁאֵינָם הֲגוּנִים וְהַקָּדוֹשׁ בָּרוּךְ הוּא מְרַחֵם עַל כֻּלָּם וּפֵרְשׁוּ בַּגְּמָרָא (בְּרָכוֹת ז.) "וְחַנֹּתִי אֶת אֲשֶׁר אָחֹן" (שמות לג, יט) אָמַר הַקָּדוֹשׁ בָּרוּךְ הוּא אוֹצָר זֶה לְאוֹתָם שֶׁאֵינָם הֲגוּנִים יֵשׁ אוֹצָר חֲנוּנִים שֶׁהַקָּדוֹשׁ בָּרוּךְ הוּא חוֹנֵן וְנוֹתֵן לָהֶם מַתְּנַת חִנָּם לְפִי שֶׁאָמַר הַקָּדוֹשׁ בָּרוּךְ הוּא הֲרֵי יֵשׁ לָהֶם זְכוּת אָבוֹת, אֲנִי נִשְׁבַּעְתִּי לָאָבוֹת אִם כֵּן עִם הֱיוֹת שֶׁאֵינָם הֲגוּנִים יִזְכּוּ בִּשְׁבִיל שֶׁהֵם מִזֶּרַע הָאָבוֹת שֶׁנִּשְׁבַּעְתִּי לָהֶם לְפִיכָךְ אַנְהִילֵם וְאַנְהִיגֵם עַד שֶׁיִּתְקְנוּ.

וְכָךְ יִהְיֶה הָאָדָם אַף אִם יִפְגַּע בָּרְשָׁעִים אַל יִתְאַכְזֵר כְּנֶגְדָּם אוֹ יְחָרְפֵם וְכַיּוֹצֵא, אֶלָּא יְרַחֵם עֲלֵיהֶם, וְיֹאמַר סוֹף סוֹף הֵם בְּנֵי אַבְרָהָם יִצְחָק וְיַעֲקֹב, אִם הֵם אֵינָם כְּשֵׁרִים, אֲבוֹתֵיהֶם כְּשֵׁרִים וַהֲגוּנִים, וְהַמְבַזֶּה הַבָּנִים מְבַזֶּה הָאָבוֹת, אֵין רְצוֹנִי שֶׁיִּתְבַּזּוּ אֲבוֹתֵיהֶם עַל יָדִי, וּמְכַסֶּה עֶלְבּוֹנָם וּמְתַקְּנָם כְּפִי כֹחוֹ.

הי"א - חֶסֶד לְאַבְרָהָם

הֵם הַמִּתְנַהֲגִים בָּעוֹלָם לִפְנִים מִשּׁוּרַת הַדִּין כְּאַבְרָהָם אָבִינוּ גַּם הַקָּדוֹשׁ בָּרוּךְ הוּא מִתְנַהֵג עִמָּהֶם לִפְנִים מִשּׁוּרַת הַדִּין, אֵינוֹ מַעֲמִיד עִמָּהֶם הַדִּין עַל תָּקְפּוֹ אַף לֹא כְּדֶרֶךְ הַיָּשָׁר אֶלָּא נִכְנָס עִמָּהֶם לִפְנִים מִן הַיָּשָׁר כְּמוֹ שֶׁהֵם מִתְנַהֲגִים, וְהַיְנוּ "חֶסֶד לְאַבְרָהָם" הַקָּדוֹשׁ בָּרוּךְ הוּא מִתְנַהֵג הוּא בְּמִדַּת חֶסֶד עִם אֹתָם שֶׁהֵם כְּמוֹ אַבְרָהָם בְּהִתְנַהֲגוּת.

גַּם הָאָדָם עִם הֱיוֹת שֶׁעִם כָּל אָדָם יִהְיֶה מִתְנַהֵג בְּצֶדֶק וּבְיֹשֶׁר וּבְמִשְׁפָּט, עִם הַטּוֹבִים וְהַחֲסִידִים תִּהְיֶה הַנְהָגָתוֹ לִפְנִים מִשּׁוּרַת הַדִּין. וְאִם לִשְׁאָר הָאָדָם הָיָה סַבְלָן קְצָת לְאֵלּוּ יוֹתֵר וְיוֹתֵר, וִירַחֵם עֲלֵיהֶם לְכַנֵּס עִמָּהֶם לִפְנִים מִשּׁוּרַת הַדִּין שֶׁהוּא מִתְנַהֵג בָּהּ עִם שְׁאָר הָאָדָם וְצָרִיךְ שֶׁיִּהְיוּ אֵלּוּ חֲשׁוּבִים לְפָנָיו מְאֹד מְאֹד וַחֲבִיבִים לוֹ וְהֵם יִהְיוּ מֵאַנְשֵׁי חֶבְרָתוֹ:

הי"ג - מִימֵי קֶדֶם

הֲרֵי מִדָּה שֶׁיֵּשׁ לְהַקָּדוֹשׁ בָּרוּךְ הוּא עִם יִשְׂרָאֵל כְּשֶׁתַּמָּה זְכוּת
וְכַיּוֹצֵא מַה יַעֲשֶׂה וַהֲרֵי הֵם מִצַּד עַצְמָם אֵינָם הֲגוּנִים, כְּתִיב (יִרְמְיָה
ב, ב): "זָכַרְתִּי לָךְ חֶסֶד נְעוּרַיִךְ אַהֲבַת כְּלוּלֹתָיִךְ" מַמָּשׁ זוֹכֵר הַקָּדוֹשׁ
בָּרוּךְ הוּא יְמֵי קַדְמוֹנִים, אַהֲבָה שֶׁהָיָה מִקֹּדֶם וּמְרַחֵם עַל יִשְׂרָאֵל
וּבָזֶה יַזְכִּיר לָהֶם כָּל הַמִּצְוֹת שֶׁעָשׂוּ מִיּוֹם שֶׁנּוֹלְדוּ וְכָל מִדּוֹת טוֹבוֹת
שֶׁהַקָּדוֹשׁ בָּרוּךְ הוּא מַנְהִיג בָּהֶם עוֹלָמוֹ וּמִכֻּלָּם עוֹשֶׂה סְגֻלָּה לְרַחֵם
בִּשְׁבִילָם, וַהֲרֵי זוֹ הַמִּדָּה כּוֹלֶלֶת כָּל הַמִּדּוֹת כֻּלָּם כִּדְפֵרְשׁוּ בָּאִדְרָא
(זֹהַר נָשֹׂא קל"ד:).

כָּךְ הָאָדָם יְתַקֵּן הַנְהָגָתוֹ עִם בְּנֵי אָדָם שֶׁאֲפִלּוּ שֶׁלֹּא יִמְצָא טַעֲנָה
מֵאֵלּוּ הַנִּזְכָּרוֹת יֹאמַר כְּבָר הָיוּ שָׁעָה קֹדֶם שֶׁלֹּא חָטְאוּ וַהֲרֵי אוֹתָהּ
שָׁעָה אוֹ בְּיָמִים קַדְמוֹנִים הָיוּ כְּשֵׁרִים וְיִזְכֹּר לָהֶם הַטּוֹבָה שֶׁעָשׂוּ
בְּקַטְנוּתָם וְיִזְכֹּר לָהֶם אַהֲבָה גְּמוּלֵי מֵחָלָב עַתִּיקֵי מִשָּׁדַיִם וּבָזֶה לֹא
יִמְצָא אָדָם שֶׁאֵינוֹ רָאוּי לְהֵטִיבוֹ וּלְהִתְפַּלֵּל עַל שְׁלוֹמוֹ וּלְרַחֵם עָלָיו.
עַד כַּאן הִגִּיעַ שְׁלשׁ עֶשְׂרֵה מִדּוֹת שֶׁבָּהֶן יִהְיֶה הָאָדָם דּוֹמֶה אֶל קוֹנוֹ
שֶׁהֵן מִדּוֹת שֶׁל רַחֲמִים עֶלְיוֹנוֹת וְסֶגֻלָּתָן כְּמוֹ שֶׁיִּהְיֶה הָאָדָם מִתְנַהֵג
לְמַטָּה כָּךְ יִזְכֶּה לִפְתֹּחַ לוֹ מִדָּה עֶלְיוֹנָה מִלְמַעְלָה מַמָּשׁ כְּפִי מַה
שֶׁיִּתְנַהֵג כָּךְ מַשְׁפִּיעַ מִלְמַעְלָה וְגוֹרֵם שֶׁאוֹתָהּ הַמִּדָּה תָּאִיר בָּעוֹלָם.
וּלְכָךְ אַל יָלִיזוּ מֵעֵינֵי הַשֵּׂכֶל שְׁלשׁ עֶשְׂרֵה מִדּוֹת אֵלּוּ וְהַפָּסוּק לֹא
יָסוּף מִפִּיו כְּדֵי שֶׁיִּהְיֶה לוֹ לְמַזְכֶּרֶת כַּאֲשֶׁר יָבֹא לוֹ מַעֲשֶׂה שֶׁיִּצְטָרֵךְ
לְהִשְׁתַּמֵּשׁ בְּמִדָּה אַחַת מֵהֶן יִזְכֹּר וְיֹאמַר הֲרֵי דָּבָר זֶה תָּלוּי בְּמִדָּה
פְּלוֹנִית אֵינִי רוֹצֶה לָזוּז מִמֶּנָּה שֶׁלֹּא תִתְעַלֵּם וְתִסְתַּלֵּק הַמִּדָּה הַהִיא
מִן הָעוֹלָם:

פֶּרֶק ב

עוֹד, לִהְיוֹת הָאָדָם דּוֹמֶה לְקוֹנוֹ בְּסוֹד מִדַּת הַכֶּתֶר צָרִיךְ שֶׁיִּהְיוּ בּוֹ
כַּמָּה גּוּפֵי פְּעֻלּוֹת שֶׁהֵם עִקַּר הַהַנְהָגָה:

הָרִאשׁוֹנָה

הַכּוֹלֶלֶת הַכֹּל הִיא מִדַּת הָעֲנָוָה מִפְּנֵי שֶׁהִיא תְּלוּיָה בַּכֶּתֶר שֶׁהֲרֵי
הִיא מִדָּה עַל כָּל הַמִּדּוֹת וְאֵינָה מִתְעַלֵּית וּמִתְגָּאָה לְמַעְלָה אָמְנָם
יוֹרֶדֶת וּמִסְתַּכֶּלֶת לְמַטָה תָּדִיר, וְזֶה מִשְּׁנֵי טְעָמִים: הָאֶחָד שֶׁהוּא
בּוֹשׁ לְהִסְתַּכֵּל בְּסִבָּתוֹ אֶלָּא מַאֲצִילוֹ מַבִּיט בּוֹ תָּמִיד לְהֵיטִיבוֹ וְהוּא
מַבִּיט בַּתַּחְתּוֹנִים. כָּךְ הָאָדָם צָרִיךְ שֶׁיֵּבוֹשׁ מִלְּהִסְתַּכֵּל לְצַד מַעְלָה
לְהִתְגָּאוֹת אֶלָּא תָּדִיר יִסְתַּכֵּל לְצַד מַטָה לְהַפְחִית עַצְמוֹ כָּל מַה
שֶׁיּוּכַל. וַהֲרֵי הַמִּדָּה הַזֹּאת הִיא תְּלוּיָה דֶּרֶךְ כְּלָל בָּרֹאשׁ שֶׁאֵין הָאָדָם
מִתְגָּאֶה אֶלָּא בַּהֲרָמַת רֹאשׁוֹ כְּלַפֵּי מַעְלָה וְהֶעָנִי מַשְׁפִּיל רֹאשׁוֹ
לְמַטָה. וַהֲרֵי אֵין סַבְלָן וְעָנָו כֵּאלֹהֵינוּ בְּמִדַּת הַכֶּתֶר שֶׁהוּא תַּכְלִית
הָרַחֲמִים וְלֹא יִכָּנֵס לְפָנָיו שׁוּם פְּגַם וְלֹא עָוֹן וְלֹא דִין וְלֹא שׁוּם מִדָּה
מוֹנַעַת מִלְּהַשְׁגִּיחַ וּלְהַשְׁפִּיעַ וּלְהֵיטִיב תָּדִיר. כָּךְ צָרִיךְ הָאָדָם שֶׁשׁוּם
סִבָּה שֶׁבָּעוֹלָם לֹא תִמְנָעֵהוּ מִלְּהֵיטִיב וְשׁוּם עָוֹן אוֹ מַעֲשֵׂה בְּנֵי אָדָם
בִּלְתִּי הָגוּן לֹא יִכָּנֵס לְפָנָיו כְּדֵי שֶׁיְּעַכְּבֵהוּ מִלְּהֵיטִיב לְאוֹתָם הַצְּרִיכִים
טוֹבָתוֹ בְּכָל עֵת וּבְכָל רֶגַע. וּכְמוֹ שֶׁהוּא יֵשֵׁב וְזָן מִקַּרְנֵי רְאֵמִים
וְעַד בֵּיצֵי כִנִּים וְאֵינוֹ מְבַזֶּה שׁוּם בְּרִיָּה שֶׁאִלּוּ יְבַזֶּה הַבְּרוּאִים מִפְּנֵי
פְּחִיתוּתָם לֹא יִתְקַיְּמוּ בָּעוֹלָם אֲפִלּוּ רֶגַע, אֶלָּא מַשְׁגִּיחַ וְנוֹתֵן רַחֲמָיו
עַל כֻּלָּם. כָּךְ צָרִיךְ שֶׁיִּהְיֶה הָאָדָם מֵטִיב לַכֹּל וְלֹא יִתְבַּזֶּה שׁוּם נִבְרָא
לְפָנָיו אֶלָּא אֲפִלּוּ בְּרִיָּה קַלָּה שֶׁבַּקַּלִּים תִּהְיֶה מְאֹד חֲשׁוּבָה בְּעֵינָיו
וְיִתֵּן דַּעְתּוֹ עָלֶיהָ וְיֵיטִיב לְכָל הַמִּצְטָרֵךְ אֶל טוֹבָתוֹ, וְזוֹ מִדָּה תְּלוּיָה
בַּכֶּתֶר בְּסוֹד הָרֹאשׁ דֶּרֶךְ כְּלָל:

הַשְּׁנִיָּה

מַחֲשַׁבְתּוֹ תִדְמֶה לְמַחְשֶׁבֶת הַכֶּתֶר. כְּמוֹ שֶׁאוֹתָהּ הַחָכְמָה לֹא תִּפְסֹק
תָּמִיד לַחְשֹׁב מַחֲשָׁבוֹת טוֹבוֹת, וְהָרַע לֹא יִכָּנֵס בָּהּ מִפְּנֵי שֶׁהִיא
רַחֲמִים גְּמוּרִים, וְאֵין שָׁם דִּין וְלֹא שׁוּם קֹשִׁי כְּלָל, כָּךְ הָאָדָם תָּמִיד
תִּהְיֶה מַחֲשַׁבְתּוֹ פְנוּיָה מִכָּל דָּבָר מְכֹעָר. וּכְמוֹ שֶׁהִיא סוֹד חָכְמָה
תּוֹרָה קְדוּמָה, וְלֹא יֶחְסַר שָׁם סוֹד תּוֹרָה, כָּךְ לֹא יִפָנֶה אֶל שׁוּם פְּנִיָּה
חוּץ מִמַּחְשֶׁבֶת הַתּוֹרָה וְלַחְשֹׁב בִּגְדֻלּוֹת הָאֵל וּפְעֻלּוֹתָיו הַטּוֹבוֹת
וּלְהֵיטִיב וְכַיּוֹצֵא.

כְּלָלוֹ שֶׁל דָּבָר - לֹא יִכָּנֵס זָר וּבָטֵל בְּמַחֲשַׁבְתּוֹ, וְזוֹ הָיְתָה מַעֲלַת רַבִּי שִׁמְעוֹן וַחֲבֵרָיו. וְהִנֵּה כְּשֶׁהִפְרִיד רַבִּי יוֹסֵי מַחֲשַׁבְתּוֹ מְעַט, כַּמָּה הוֹכִיחוֹ רַבִּי שִׁמְעוֹן בַּזֹּהַר בְּפָרָשַׁת וַיַּקְהֵל:

הַשְּׁלִישִׁית

מִצְחוֹ לֹא יִהְיֶה בּוֹ קֹשִׁי כְּלָל, אֶלָּא יִדְמֶה תָּמִיד לְמֵצַח הָרָצוֹן; שֶׁיִּרְצֶה אֶת הַכֹּל, אֲפִלּוּ שֶׁיִּמְצָא בְּנֵי אָדָם כּוֹעֲסִים יְרַצֵּם וְיַשְׁקִיטֵם בִּרְצוֹנוֹ הַטּוֹב, שֶׁכֵּן מֵצַח הָרָצוֹן הוּא תָּמִיד רוֹצֶה וּמְרַצֶּה הַגְּבוּרוֹת וּמְתַקְּנָם, אַף הוּא יִרְצֶה הַגְּבוּרוֹת הַמִּתְגַּבְּרִים כַּעֲסָם, וְהוּא יְנַהֲלֵם בִּרְצוֹן טוֹב וְיִשְׁתַּף שָׁם חָכְמָה גְדוֹלָה לְהַשְׁבִּית הַכַּעַס, שֶׁלֹּא יַעֲבֹר הַגְּבוּל וִיקַלְקֵל חַס וְשָׁלוֹם, וְיַעֲשֶׂה דֻּגְמָא לָרָצוֹן הָעֶלְיוֹן שֶׁהוּא נִמְשָׁךְ מִן הַחָכְמָה הַנִּפְלָאָה בְּמִצְחָא דְעַתִּיקָא וּמִשָּׁם מְרַצֶּה הַכֹּל. וְזֶה יַמְשִׁיךְ לִהְיוֹתוֹ תָּמִיד נֹחַ לַבְּרִיּוֹת, שֶׁאִם מִדּוֹתָיו קָשׁוֹת מִצַּד אֶחָד עִם בְּנֵי אָדָם, לֹא יִתְרַצּוּ מִמֶּנּוּ. וְזֶה טַעַם הַמִּשְׁנָה כָּל שֶׁרוּחַ הַבְּרִיּוֹת נוֹחָה הֵימֶנּוּ, רוּחַ הַמָּקוֹם נוֹחָה הֵימֶנּוּ:

הָרְבִיעִית

שֶׁיִּהְיוּ אָזְנָיו נוֹטוֹת תָּמִיד לִשְׁמֹעַ הַטּוֹב, אָמְנָם שֵׁמַע שָׁוְא אוֹ הַמְּגֻנֶּה לֹא יִכָּנֵס בָּהֶם כְּלָל, כְּדֶרֶךְ שֶׁסּוֹד הָאֲזָנָה הָעֶלְיוֹנָה אֵין שׁוּם צַעֲקַת דִּין וְלֹא פְּגַם לָשׁוֹן הָרָע נִכְנָס שָׁם, כָּךְ לֹא יַאֲזִין אֶלָּא הַטּוֹבוֹת וְהַדְּבָרִים הַמּוֹעִילִים, וּשְׁאָר דְּבָרִים הַמַּגְבִּירִים כַּעַס לֹא יַאֲזִין אֲלֵיהֶם כְּלָל, וּכְמוֹ שֶׁהַנַּחַשׁ וְדִבּוּרוֹ וּלְשׁוֹנוֹ אֵינוֹ נִכְנָס לְמַעֲלָה, כָּךְ לֹא יִכָּנֵס אֵלָיו שׁוּם דָּבָר מְגֻנֶּה. וְהַיְנוּ "לֹא תִשָּׂא שֵׁמַע שָׁוְא" (שְׁמוֹת כג, א) כָּל שֶׁכֵּן שְׁאָר הַמְּגֻנֶּה שֶׁלֹּא יִכָּנֵס לְאָזְנוֹ כְּלָל, וְלֹא תִהְיֶה קַשֶּׁבֶת אֶלָּא אֶל הַדְּבָרִים הַטּוֹבִים.

הַחֲמִישִׁית

עֵינָיו לֹא יִסְתַּכֵּל כְּלָל בְּהֶן בְּשׁוּם דָּבָר מְגֻנֶּה. אָמְנָם תִּהְיֶינָה תָּמִיד פְּקוּחוֹת לְהַשְׁגִּיחַ וּלְרַחֵם עַל הָאֻמְלָלִים כְּפִי כֹחוֹ, וּכְשֶׁיִּרְאֶה בְּצָרַת עָנִי לֹא יַעֲצִים עֵינָיו כְּלָל, אֶלָּא יִתְבּוֹנֵן בְּדַעְתּוֹ עָלָיו כְּפִי כֹחוֹ וִיעוֹרֵר

רַחֲמִים עָלָיו בִּפְנֵי שָׁמַיִם וּבִפְנֵי הַבְּרִיּוֹת. וְיִתְרַחֵק מִכָּל הַשְׁגָּחָה רָעָה, כְּדֶרֶךְ שֶׁהָעַיִן הָעֶלְיוֹנָה פְּקוּחָה וּמִסְתַּכֶּלֶת מִיָּד אֶל הַטּוֹב:

הַשִׁשִּׁית

בְּחָטְמוֹ מֵעוֹלָם לֹא יִמָּצֵא בוֹ חָרוֹן אַף כְּלָל, אֶלָּא תָּמִיד בְּאַפּוֹ חַיִּים וְרָצוֹן טוֹב וַאֲרִיכוּת אַף, אֲפִלּוּ לְאוֹתָם שֶׁאֵינָם הֲגוּנִים. וְתָמִיד רוֹצֶה לְמַלְאוֹת רָצוֹן וּלְהָפִיק כָּל שְׁאֵלָה וּלְהַחֲיוֹת כָּל נִדְכֶּה, וּמוֹצִיא מֵחָטְמוֹ תָּמִיד מְחִילַת עָוֹן (וְהַעַצָרֶת) [וְהַעֲבָרֶת] פֶּשַׁע, וְאֵינוֹ כּוֹעֵס בְּחָטְא לוֹ, אֶלָּא מִתְרַצֶּה תָּמִיד וְחָפֵץ חֶסֶד לַעֲשׂוֹת נַחַת רוּחַ לַכֹּל:

הַשְׁבִיעִית

פָּנָיו תִּהְיֶינָה מְאִירוֹת תָּמִיד וִיקַבֵּל כָּל אָדָם בְּסֵבֶר פָּנִים יָפוֹת, שֶׁכֵּן בְּכֶתֶר עֶלְיוֹן נֶאֱמַר (מִשְׁלֵי טז, טו): "בְּאוֹר פְּנֵי מֶלֶךְ חַיִּים" וְאֵין שׁוּם אָדָם וְדִין נִכְנָס שָׁם כְּלָל, כָּךְ אוֹר פָּנָיו לֹא יִשָּׁנֶה וְכָל הַמִּסְתַּכֵּל בָּהֶם לֹא יִמָּצֵא אֶלָּא שִׂמְחָה וְסֵבֶר פָּנִים וְשׁוּם סִבָּה לֹא תַטְרִידֵהוּ מִזֶּה כְּלָל:

הַשְׁמִינִית

פִּיו לֹא יוֹצִיא אֶלָּא טוֹבָה, וְגִזְרַת אֲמָרָיו תּוֹרָה וַהֲפָקַת רָצוֹן טוֹב תָּמִיד, וְלֹא יוֹצִיא מִפִּיו דָּבָר מְגֻנֶּה וְלֹא קְלָלָה וְלֹא רֹגֶז כַּעַס כְּלָל וְלֹא דְבָרִים בְּטֵלִים, וְיִהְיֶה דּוֹמֶה לְאוֹתוֹ הַפֶּה הָעֶלְיוֹן שֶׁאֵינוֹ נִסְתָּם כְּלָל, וְלֹא יִמְנַע טוֹב תָּמִיד, וְלָכֵן צָרִיךְ שֶׁלֹּא יֶחֱשֶׁה מִלְּדַבֵּר טוֹבָה עַל הַכֹּל וּלְהוֹצִיא מִפִּיו טוֹבָה וּבְרָכָה תָּמִיד.

הֲרֵי אֵלֶּה שְׁמֹנֶה מִדּוֹת טוֹבוֹת וְכֻלָּן תַּחַת דֶּגֶל הָעֲנָוָה שֶׁכֻּלָּן לְמַעְלָה בַּכֶּתֶר בָּאֵבָרִים הָעֶלְיוֹנִים. וּבְעֵת שֶׁיִּרְצֶה הָאָדָם לְהִתְקָרֵב לְמַעְלָה לְהִדָּמוֹת אֵלָיו לִפְתֹּחַ מְקוֹרוֹתָיו אֶל הַתַּחְתּוֹנִים צָרִיךְ שֶׁיִשְׁתַּלֵּם בִּשְׁנֵי פְרָקִים אֵלּוּ.

[מָתַי צָרִיךְ לְהִתְנַהֵג בְּמִדּוֹת הַכֶּתֶר]

אָמְנָם יָדַעְנוּ שֶׁאִי אֶפְשָׁר לְהִתְנַהֵג בְּאֵלּוּ הַמִּדּוֹת תָּמִיד, מִפְּנֵי שֶׁיֵשׁ מִדּוֹת אֲחֵרוֹת שֶׁהָאָדָם צָרִיךְ לְהִשְׁתַּלֵּם בָּהֶן וְהֵן מֵהַגְּבוּרוֹת הַתַּחְתּוֹנוֹת, כַּאֲשֶׁר נְבָאֵר. אֲבָל יֵשׁ יָמִים יְדוּעִים שֶׁאֵין הַגְּבוּרוֹת

107

פּוֹעֲלוֹת וְאֵין בְּנֵי אָדָם צְרִיכִים אֲלֵיהֶן, לְפִי שֶׁהַכֶּתֶר שׁוֹלֵט בָּהֶם, אוֹ שָׁעוֹת שֶׁהַכֶּתֶר מִתְבַּקֵּשׁ, אָז צָרִיךְ שֶׁיִּשְׁתַּמֵּשׁ בְּכָל אֵלֶּה הַמִּדּוֹת שֶׁזָּכַרְנוּ.

אָמְנָם שְׁאָר הַמִּדּוֹת עִם הֱיוֹת שֶׁהֵם צְרֶךְ עֲבוֹדָתָן, אֵין עֵת עַתָּה לְהִשְׁתַּמֵּשׁ בָּהֶן, מִפְּנֵי שֶׁאוֹר הַכֶּתֶר מְבַטְּלָן. וְכָךְ הוּא לֹא יִשְׁתַּמֵּשׁ בְּאוֹתָן הַמִּדּוֹת הַקָּשׁוֹת, כְּגוֹן שַׁבָּת שֶׁהָעוֹלָם מִתְתַּקֵּן בְּסוֹד עֹנֶג וְאֵין דָּנִין בְּשַׁבָּת, אָז יִשְׁתַּמֵּשׁ בְּמִדּוֹת אֵלּוּ כֻּלָּן, כְּדֵי לִפְתֹּחַ הַמְּקוֹרוֹת הָעֶלְיוֹנִים. שֶׁאִלּוּ יְכַוֵּן בְּכַוָּנָתוֹ אֶל אוֹרוֹת הַכֶּתֶר בִּתְפִלּוֹתָיו וְהוּא יִפְעַל בִּפְעֻלּוֹתָיו בְּהֶפֶךְ, הֵיאַךְ יִפְתַּח מְקוֹר הַכֶּתֶר, וַהֲרֵי הוּא דוֹחֵהוּ מַמָּשׁ בְּמַעֲשָׂיו. וַהֲרֵי הַדְּבָרִים קַל וָחֹמֶר, אִם הַסְּפִירוֹת הָעֶלְיוֹנוֹת מַגְבִּירוֹת הַדִּינִים הַקְּדוֹשִׁים וְהַכַּעַס, הַקָּדוֹשׁ לֹא יִשְׁרֶה הַכֶּתֶר בָּהֶן, אִם הָאָדָם יַגְבִּיר הַכַּעַס הַחִיצוֹנִי אֲפִלּוּ יִהְיֶה לְשֵׁם שָׁמַיִם, כָּל שֶׁכֵּן שֶׁלֹּא יִשְׁרֶה הַכֶּתֶר וְאוֹרוֹ עָלָיו. וּמָה גַם שֶׁהוּא בָּא לְעוֹרְרוֹ עַל הַמִּדּוֹת הָעֶלְיוֹנוֹת, וְהֵן אוֹמְרוֹת כַּמָּה עַזּוּת פָּנִים יֵשׁ בּוֹ, אֵין אוֹר הַכֶּתֶר מִתְגַּלֶּה בָּנוּ, מִפְּנֵי דִינֵנוּ הַקָּדוֹשׁ וְהַטָּהוֹר, וְהוּא רוֹצֶה לְגַלּוֹת מָלֵא כַּעַס וּפְעֻלּוֹת מְגֻנּוֹת חִצוֹנוֹת.

לְכָךְ צָרִיךְ הָאָדָם בְּיָמִים טוֹבִים וּבַשַּׁבָּתוֹת וּבְיוֹם הַכִּפּוּרִים וּבִשְׁעַת הַתְּפִלָּה וּשְׁעוֹת עֵסֶק הַתּוֹרָה שֶׁאֵינָן שְׁעוֹת הַגְּבוּרוֹת, אֶלָּא שְׁעוֹת גִּלּוּי הָרָצוֹן הָעֶלְיוֹן, לְכוֹנֵן דֵּעוֹתָיו בְּמִדּוֹת הָאֵלּוּ כֻּלָּן. וּשְׁאָר שָׁעוֹת יִשְׁתַּמֵּשׁ בְּמִדּוֹת הַנִּשְׁאָרוֹת לַעֲבוֹדַת ה', לֹא הַמְּגֻנֶּה מֵהֶן, שֶׁאֵין לוֹ עֵת לִשְׁלוֹט בָּאָדָם אֶלָּא כְּפִי לְרַעְתּוֹ, כַּאֲשֶׁר נִבְרָא. וְאָז כַּאֲשֶׁר יִשְׁתַּמֵּשׁ בְּמִדּוֹת אֵלּוּ יִהְיֶה נָכוֹן וּבָטוּחַ שֶׁיִּפְתַּח הַמְּקוֹרוֹת הָעֶלְיוֹנִים. לְפִיכָךְ צָרִיךְ כָּל אָדָם לְהַרְגִּיל עַצְמוֹ בְּאֵלּוּ הַמִּדּוֹת מְעַט מְעַט, וְהָעִקָּרִית שֶׁיִּתְפֹּס, שֶׁהִיא מַפְתֵּחַ הַכֹּל - הָעֲנָוָה, מִפְּנֵי שֶׁהִיא רֹאשׁ לְכֻלָּן, בְּחִינָה רִאשׁוֹנָה בַּכֶּתֶר, וְתַחְתֶּיהָ יִכָּלֵל הַכֹּל.

וְהִנֵּה עִקַּר הָעֲנָוָה הוּא שֶׁלֹּא יִמְצָא בְּעַצְמוֹ עֵרֶךְ כְּלָל, אֶלָּא יַחְשׁוֹב שֶׁהוּא הָאַיִן, וּכְמָאֲמַר הֶעָנָיו (שְׁמוֹת טז, ז): "וְנַחְנוּ מָה כִּי תַלִּינוּ עָלֵינוּ". עַד שֶׁיִּהְיֶה הוּא בְּעֵינָיו הַבְּרִיָּה הַשְּׁפֵלָה שֶׁבְּכָל הַנִּבְרָאִים,

וּבְזוּי וּמָאוֹס מְאֹד. וְכַאֲשֶׁר יִיגַע תָּמִיד לְהַשִּׂיג הַמִּדָּה הַזֹּאת, כָּל
שְׁאָר הַמִּדּוֹת נִגְרָרוֹת אַחֲרֶיהָ. שֶׁהֲרֵי הַכֶּתֶר הַמִּדָּה הָרִאשׁוֹנָה אֲשֶׁר
בּוֹ, שֶׁנִּרְאֶה עַצְמוֹ לְאַיִן לִפְנֵי מַאֲצִילוֹ, כָּךְ יָשִׂים הָאָדָם עַצְמוֹ אַיִן
מַמָּשׁ, וְיַחְשֹׁב הֶעְדֵּרוֹ טוֹב מְאֹד מִן הַמְּצִיאוּת, וּבָזֶה יִהְיֶה לְנֹכַח
הַמְבַזִּים אוֹתוֹ כְּאִלּוּ הַדִּין עִמָּהֶם, וְהוּא הַנִּבְזֶה אֲשֶׁר עָלָיו הָאָשָׁם,
וְזוֹ תִּהְיֶה סִבַּת קִנְיַן הַמִּדּוֹת הַטּוֹבוֹת:
[עֵצוֹת לְהַרְגִּיל עַצְמוֹ בַּעֲנָוָה]
וַאֲנִי מָצָאתִי תְּרוּפָה לְהַרְגִּיל הָאָדָם עַצְמוֹ בִּדְבָרִים אֵלּוּ מְעַט מְעַט,
אֶפְשָׁר שֶׁיִּתְרַפֵּא בָּהּ מֵחֳלִי הַגַּאֲוָה וְיִכָּנֵס בְּשַׁעֲרֵי הָעֲנָוָה וְהוּא
תַחְבֹּשֶׁת הַנַּעֲשָׂה מִשְּׁלֹשָׁה סַמִּים:
הָאַחַת
שֶׁיַּרְגִּיל עַצְמוֹ לִהְיוֹת בּוֹרֵחַ מֵהַכָּבוֹד כָּל מַה שֶּׁיּוּכַל. שֶׁאִם יִתְנַהֵג
שֶׁיְּכַבְּדוּהוּ בְּנֵי אָדָם, יִתְלַמֵּד בָּהֶם עַל צַד הַגַּאֲוָה, וְיִתְרַצֶּה הַטֶּבַע
תָּמִיד בְּכָךְ, וּבְקֹשִׁי יוּכַל לְהֵרָפֵא.
הַשְּׁנִיָּה
שֶׁיַּרְגִּיל מַחְשַׁבְתּוֹ לִרְאוֹת בְּבִזְיוֹנוֹ, וְיֹאמַר, עִם הֱיוֹת שֶׁבְּנֵי אָדָם אֵינָם
יוֹדְעִים אֶת גְּרִיעוּתִי מַה לִּי מִזֶּה, וְכִי אֲנִי אֵינִי מַכִּיר בְּעַצְמִי שֶׁאֲנִי
נִבְזֶה בְּכָךְ וְכָךְ, אִם בְּהֶעְדֵּר הַיְדִיעָה וְחֻלְשַׁת הַיְכֹלֶת וּבִזְיוֹן הַמַּאֲכָל
וְהַפֶּרֶשׁ הַיּוֹצֵא מִמֶּנּוּ וְכַיּוֹצֵא, עַד שֶׁיִּהְיֶה נִבְזֶה בְּעֵינָיו נִמְאָס.
הַשְּׁלִישִׁית
שֶׁיַּחְשֹׁב עַל עֲוֹנֹתָיו תָּמִיד וְיִרְצֶה בְּטָהֳרָה וְתוֹכַחַת וְיִסּוּרִים, וְיֹאמַר,
מַה הֵם הַיִּסּוּרִין הַיּוֹתֵר טוֹבִים שֶׁבָּעוֹלָם שֶׁלֹּא יַטְרִידוּנִי מֵעֲבוֹדַת
ה', אֵין חָבִיב בְּכֻלָּם מֵאֵלּוּ שֶׁיְּחָרְפוּהוּ וִיבַזֵּהוּ וְיִגַדְּפֵהוּ, שֶׁהֲרֵי לֹא
יִמְנְעוּ מִמֶּנּוּ כֹּחַ וְאָנוּ בָּחֳלָאִים, וְלֹא יִמְנְעוּ אֲכִילָתוֹ וּמַלְבּוּשׁוֹ, וְלֹא
יִמְנְעוּ חַיָּיו וְחַיֵּי בָּנָיו בְּמִיתָה. אִם כֵּן מַמָּשׁ יַחְפֹּץ בָּהֶם וְיֹאמַר מַה לִּי
לְהִתְעַנּוֹת לְהִסְתַּגֵּף בְּשַׂקִּים וּבְמַלְקֻיּוֹת הַמַּחְלִשִׁים כֹּחִי מֵעֲבוֹדַת
ה' וַאֲנִי לוֹקֵחַ אֹתָם בְּיָדִי, יוֹתֵר טוֹב אֶסְתַּגֵּף בְּבִזְיוֹן בְּנֵי אָדָם וְחֶרְפָּתָם
לִי, וְלֹא יָסוּר כֹּחִי וְלֹא יֶחֱלַשׁ. וּבָזֶה כְּשֶׁיָּבֹאוּ הָעֶלְבּוֹנוֹת עָלָיו יִשְׂמַח

בָּהֶם, וְאַדְרַבָּה יַחְפֹּץ בָּהֶם. וְיַעֲשֶׂה מִשְׁלֹשֶׁת סַמִּים אֵלּוּ תַּחְבֹּשֶׁת
לְלִבּוֹ וְיִתְלַמֵּד בָּזֶה כָּל יָמָיו.

[עֵצוֹת נוֹסָפוֹת לְהִתְרַגֵּל לַעֲנָוָה]

וְעוֹד מָצָאתִי מַשְׁקֶה טוֹב מְאֹד אֲבָל לֹא יוֹעִיל הַמַּשְׁקֶה כָּל כָּךְ
כְּמוֹ שֶׁיּוֹעִיל אַחַר תַּחְבֹּשֶׁת הַנִּזְכָּר לְעֵיל, וְהוּא שֶׁיַּרְגִּיל עַצְמוֹ בִּשְׁנֵי
דְּבָרִים:

הָאֶחָד

הוּא לְכַבֵּד כָּל הַנִּבְרָאִים כֻּלָּם, אַחַר שֶׁיַּכִּיר מַעֲלַת הַבּוֹרֵא אֲשֶׁר
יָצַר הָאָדָם בְּחָכְמָה, וְכֵן כָּל הַנִּבְרָאִים חָכְמַת הַיּוֹצֵר בָּהֶם, וְיִרְאֶה
בְּעַצְמוֹ שֶׁהֲרֵי הֵם נִכְבָּדִים מְאֹד מְאֹד, שֶׁנִּטְפַּל יוֹצֵר הַכֹּל הֶחָכָם
הַנַּעֲלֶה עַל כָּל בִּבְרִיאָתָם, וְאִלּוּ יְבַזֶּה אוֹתָם חַס וְשָׁלוֹם נוֹגֵעַ בִּכְבוֹד
יוֹצְרָם. וַהֲרֵי זֶה יִדְמֶה אֶל חָכָם צוֹרֵף, עָשָׂה כְּלִי בְּחָכְמָה גְּדוֹלָה
וְהֶרְאָה מַעֲשֵׂהוּ אֶל בְּנֵי אָדָם, וְהִתְחִיל אֶחָד מֵהֶם לְגַנּוֹתוֹ וּלְבַזּוֹתוֹ,
כַּמָּה יַגִּיעַ מֵהַכַּעַס אֶל הֶחָכָם הַהוּא מִפְּנֵי שֶׁמְּבַזִּין חָכְמָתוֹ בִּהְיוֹתָם
מְבַזִּים מַעֲשֵׂה יָדָיו. וְאַף הַקָּדוֹשׁ בָּרוּךְ הוּא יֵרַע בְּעֵינָיו אִם יְבַזּוּ שׁוּם
בְּרִיָּה מִבְּרִיּוֹתָיו, וְזֶה שֶׁכָּתוּב (תְּהִלִּים קד, כד): "מָה רַבּוּ מַעֲשֶׂיךָ
ה'". לֹא אָמַר "גָּדְלוּ" אֶלָּא "רַבּוּ" לָשׁוֹן "רַב בֵּיתוֹ" (אֶסְתֵּר א, ח)
חֲשׁוּבִים מְאֹד, "כֻּלָּם בְּחָכְמָה עָשִׂיתָ", וְאַחַר שֶׁנִּטְפְּלָה חָכְמָתְךָ בָּהֶם
רַבּוּ וְגָדְלוּ מַעֲשֶׂיךָ, וְרָאוּי לְאָדָם לְהִתְבּוֹנֵן מִתּוֹכָם חָכְמָה, לֹא בִּזָּיוֹן.

הַשֵּׁנִי

יַרְגִּיל עַצְמוֹ לְהַכְנִיס אַהֲבַת בְּנֵי אָדָם בְּלִבּוֹ, וַאֲפִילוּ הָרְשָׁעִים, כְּאִלּוּ
הָיוּ אֶחָיו וְיָתֵר מִזֶּה, עַד שֶׁיִּקָּבַע בְּלִבּוֹ אַהֲבַת בְּנֵי אָדָם כֻּלָּם, וַאֲפִלּוּ
הָרְשָׁעִים יֶאֱהַב אוֹתָם בְּלִבּוֹ, וְיֹאמַר, מִי יִתֵּן וְיִהְיוּ אֵלּוּ צַדִּיקִים שָׁבִים
בִּתְשׁוּבָה וְיִהְיוּ כֻּלָּם גְּדוֹלִים וּרְצוּיִּים לַמָּקוֹם. כְּמַאֲמַר אוֹהֵב נֶאֱמָן
לְכָל יִשְׂרָאֵל, אָמַר (בַּמִּדְבָּר יא, כט): "וּמִי יִתֵּן כָּל עַם ה' נְבִיאִים
וְגוֹ'", וּבַמֶּה יֶאֱהַב, בִּהְיוֹתוֹ מַזְכִּיר בְּמַחֲשַׁבְתּוֹ טוֹבוֹת אֲשֶׁר בָּהֶם,
וִיכַסֶּה מוּמָם וְלֹא יִסְתַּכֵּל בְּנִגְעֵיהֶם אֶלָּא בַּמִּדּוֹת הַטּוֹבוֹת אֲשֶׁר
בָּהֶם. וְיֹאמַר בְּלִבּוֹ, אִלּוּ הָיָה הֶעָנִי הַמָּאוּס הַזֶּה בַּעַל מָמוֹן רַב כַּמָּה

הָיִיתִי שָׂמֵחַ בְּחֶבְרָתוֹ, כְּמוֹ שֶׁאֲנִי שָׂמֵחַ בְּחֶבְרַת פְּלוֹנִי. וַהֲרֵי זֶה, אִלּוּ
יַלְבִּישׁוּהוּ הַלְּבוּשִׁים הַנָּאִים כְּמוֹ פְּלוֹנִי הֲרֵי אֵין בֵּינוֹ לְבֵינוֹ הֶבְדֵּל,
אִם כֵּן לָמָּה יֶעֱדַר כְּבוֹדוֹ בְּעֵינַי, וַהֲרֵי בְּעֵינֵי ה' חָשׁוּב מִמֶּנִּי, שֶׁהוּא
נָגוּעַ מְדֻכָּה עָנִי וְיִסּוּרִים וּמְנֻקֶּה מֵעָוֹן, וְלָמָּה אֶשְׂנָא מִי שֶׁהַקָּדוֹשׁ
בָּרוּךְ הוּא אוֹהֵב, וּבָזֶה יִהְיֶה לְבָבוֹ אֶל צַד הַטּוֹב וּמַרְגִּיל עַצְמוֹ
לַחְשֹׁב בְּכָל מִדּוֹת טוֹבוֹת שֶׁזָּכַרְנוּ.

פֶּרֶק ג

הֵאַיךְ יַרְגִּיל הָאָדָם עַצְמוֹ בְּמִדַּת הַחָכְמָה

הִנֵּה הַחָכְמָה הָעֶלְיוֹנָה פְּרוּשָׂה עַל כָּל הַנִּמְצָאִים כֻּלָּם, עִם הֱיוֹתָהּ
נֶעֱלֶמֶת וְנִשְׂגָּבָה מְאֹד, וְעָלֶיהָ נֶאֱמַר (תְּהִלִּים קד, כד): "מָה רַבּוּ
מַעֲשֶׂיךָ ה' כֻּלָּם בְּחָכְמָה עָשִׂיתָ". כָּךְ רָאוּי לְאָדָם שֶׁתִּהְיֶה חָכְמָתוֹ
מְצוּיָה בַּכֹּל וְיִהְיֶה מְלַמֵּד לְהוֹעִיל לִבְנֵי אָדָם לְכָל אֶחָד וְאֶחָד כְּפִי
כֹחוֹ כָּל מַה שֶׁיּוּכַל לְהַשְׁפִּיעַ עָלָיו מֵחָכְמָתוֹ יַשְׁפִּיעֵהוּ וְלֹא תַטְרִידֵהוּ
סִבָּה כְּלָל.

[שְׁנֵי פָנִים לַחָכְמָה]

וְהִנֵּה אֶל הַחָכְמָה שְׁנֵי פָנִים:
הַפָּן הָעֶלְיוֹן הַפּוֹנֶה אֶל הַכֶּתֶר
וְאֵין אֹתָם הַפָּנִים מִסְתַּכְּלִים לְמַטָּה אֶלָּא מְקַבְּלִים מִלְמַעְלָה.
הַפָּן הַשֵּׁנִי הַתַּחְתּוֹן פּוֹנֶה לְמַטָּה
לְהַשְׁגִּיחַ בַּסְּפִירוֹת שֶׁהִיא מִתְפַּשֶּׁטֶת בְּחָכְמָתָהּ אֲלֵיהֶם.
כָּךְ יִהְיֶה אֶל הָאָדָם שְׁנֵי פָנִים:
הַפָּן הָרִאשׁוֹן
הוּא הִתְבּוֹדְדוּתוֹ בְּקוֹנוֹ כְּדֵי לְהוֹסִיף בְּחָכְמָתוֹ וּלְתַקְּנָהּ.
הַשֵּׁנִי
לְלַמֵּד בְּנֵי אָדָם מֵאוֹתָהּ חָכְמָה שֶׁהַקָּדוֹשׁ בָּרוּךְ הוּא הִשְׁפִּיעַ עָלָיו.
וּכְמוֹ שֶׁהַחָכְמָה מַשְׁפַּעַת אֶל כָּל סְפִירָה וּסְפִירָה כְּפִי שִׁעוּרָהּ
וְצָרְכָּהּ, כֵּן יַשְׁפִּיעַ בְּכָל אָדָם כְּפִי שִׁעוּר שִׂכְלוֹ אֲשֶׁר יוּכַל שְׂאֵת
וְהַנָּאוֹת אֵלָיו וְצָרְכּוֹ. וְיִשָּׁמֵר מִלָּתֵת יוֹתֵר מִשִּׁעוּר שֵׂכֶל הַמֻּשְׁפָּע,

שֶׁלֹּא תִמָּשֵׁךְ מִמֶּנּוּ תַּקָלָה, שֶׁכֵּן הַסְּפִירָה הָעֶלְיוֹנָה אֵינָהּ מוֹסֶפֶת עַל
הַשִּׁעוּר הַמֻּגְבָּל בִּמְקַבֵּל.

[הַשְׁגָּחָה עַל צָרְכֵי אֲחֵרִים]

וְעוֹד מִדֶּרֶךְ הַחָכְמָה לִהְיוֹתָהּ מַשְׁגַּחַת עַל כָּל הַמְּצִיאוּת מִפְּנֵי שֶׁהִיא
הַמַּחְשָׁבָה הַחוֹשֶׁבֶת עַל כָּל הַנִּמְצָאוֹת וְעָלֶיהָ נֶאֱמַר (יְשַׁעְיָה נה, ח):
"כִּי לֹא מַחְשְׁבוֹתַי מַחְשְׁבוֹתֵיכֶם", וּכְתִיב (שְׁמוּאֵל ב יד, יד): "וְחָשַׁב
מַחֲשָׁבוֹת לְבִלְתִּי יִדַּח מִמֶּנּוּ נִדָּח" וּכְתִיב (יִרְמִיָה כט, יא): "כִּי אָנֹכִי
יָדַעְתִּי אֶת הַמַּחֲשָׁבֹת אֲשֶׁר אֲנִי חֹשֵׁב עֲלֵיכֶם בֵּית יִשְׂרָאֵל מַחְשְׁבוֹת
שָׁלוֹם וְלֹא רָעָה לָתֵת לָכֶם אַחֲרִית תִּקְוָה". כָּךְ צָרִיךְ הָאָדָם לִהְיוֹת
עֵינָיו פְּקֻחוֹת עַל הַנְהָגַת עַם ה' לְהוֹעִילָם, וּמַחְשְׁבוֹתָיו תִּהְיֶינָה
לְקָרֵב הַנִּדָּחִים וְלַחְשֹׁב עֲלֵיהֶם מַחְשָׁבוֹת טוֹבוֹת, כְּמוֹ שֶׁהַשֵּׂכֶל חֹשֵׁב
תּוֹעֶלֶת הַנִּמְצָא כֻּלּוֹ, כָּךְ יַחְשֹׁב הוּא תּוֹעֶלֶת הַחֲבֵרִים וְיִתְיָעֵץ עֵצוֹת
טוֹבוֹת עִם ה' וְעִם עַמּוֹ בִּפְרָט וּבִכְלָל, וְהַיּוֹצֵא מֵהַהַנְהָגָה הַטּוֹבָה
יְנַהֲלֵהוּ אֶל הַהַנְהָגָה הַיְשָׁרָה וְיִהְיֶה לוֹ כְּמוֹ שֵׂכֶל וּמַחְשָׁבָה לְנַהֵג
וּלְנַהֲלוֹ אֶל הַמִּנְהָג הַטּוֹב וְהַיָּשָׁר, כַּמַּחֲשָׁבָה הָעֶלְיוֹנָה הַמְיַשֶּׁרֶת
הָאָדָם הָעֶלְיוֹן.

[לְהַשְׁפִּיעַ חַיִּים]

וְעוֹד הַחָכְמָה תְּחַיֶּה הַכֹּל כְּדִכְתִיב (קֹהֶלֶת ז, יב): "וְהַחָכְמָה תְּחַיֶּה
בְעָלֶיהָ" כָּךְ יִהְיֶה הוּא מוֹרֶה חַיִּים לְכָל הָעוֹלָם וְגוֹרֵם לָהֶם חַיֵּי
הָעוֹלָם הַזֶּה וְחַיֵּי הָעוֹלָם הַבָּא וּמַמְצִיא לָהֶם חַיִּים. זֶה הַכְּלָל יִהְיֶה
נוֹבֵעַ חַיִּים לַכֹּל.

[לִהְיוֹת כְּמוֹ אָב]

וְעוֹד הַחָכְמָה אָב לְכָל הַנִּמְצָאוֹת כְּדִכְתִיב (תְּהִלִּים קד, כד): "מָה
רַבּוּ מַעֲשֶׂיךָ ה' כֻּלָּם בְּחָכְמָה עָשִׂיתָ" וְהֵן חַיִּים וּמִתְקַיְּמִים מִשָּׁם,
כָּךְ יִהְיֶה הוּא אָב לְכָל יְצוּרָיו שֶׁל הַקָּדוֹשׁ בָּרוּךְ הוּא וּלְיִשְׂרָאֵל, עִקָּר
שֶׁהֵם הַנְּשָׁמוֹת הַקְּדוֹשׁוֹת הָאֲצִלוּת מִשָּׁם, וִיבַקֵּשׁ תָּמִיד רַחֲמִים
וּבְרָכָה לָעוֹלָם, כְּדֶרֶךְ שֶׁהָאָב הָעֶלְיוֹן רַחֲמָן עַל בְּרוּאָיו וְיִהְיֶה תָּמִיד
מִתְפַּלֵּל בְּצָרַת הַמִּצְרִים כְּאִלּוּ הָיוּ בָּנָיו מַמָּשׁ וּכְאִלּוּ הוּא יְצָרָם,

שֶׁזֶּהוּ רְצוֹנוֹ שֶׁל הַקָּדוֹשׁ בָּרוּךְ הוּא כְּדֶרֶךְ שֶׁאָמַר הָרוֹעֶה הַנֶּאֱמָן (בְּמִדְבָּר יא, יב): "הֶאָנֹכִי הָרִיתִי אֵת כָּל הָעָם הַזֶּה כִּי תֹאמַר אֵלַי שָׂאֵהוּ בְחֵיקֶךָ", וּבָזֶה יִשָּׂא אֶת כָּל עַם ה׳ כַּאֲשֶׁר יִשָּׂא הָאוֹמֵן אֶת הַיּוֹנֵק, בִּזְרוֹעוֹ יְקַבֵּץ טְלָאִים, וּבְחֵיקוֹ יִשָּׂא, עָלוֹת יְנַהֵל, הַנִּכְחָדוֹת יִפְקֹד, הַנַּעַר יְבַקֵּשׁ, הַנִּשְׁבֶּרֶת יִרְפָּא, הַנִּצָּבָה יְכַלְכֵּל, הָאֲבֵדוֹת יַחֲזִיר. וִירַחֵם עַל יִשְׂרָאֵל וְיִשָּׂא בְּסֵבֶר פָּנִים יָפוֹת מַשָּׂאָם כְּאָב הָרַחֲמָן הָעֶלְיוֹן הַסּוֹבֵל כֹּל, וְלֹא יָבוֹל וְלֹא יִתְעַלֵּם וְלֹא יָקוּץ, וִינַהֵל לְכָל אֶחָד כְּפִי צָרְכּוֹ.

אֵלּוּ הֵן מִדּוֹת הַחָכְמָה אָב רַחֲמָן עַל בָּנִים:

[לְרַחֵם עַל כָּל הַנִּבְרָאִים]

עוֹד צָרִיךְ לִהְיוֹת רַחֲמָיו פְּרוּשִׁים עַל כָּל הַנִּבְרָאִים, לֹא יְבַזֵּם וְלֹא יְאַבְּדֵם. שֶׁהֲרֵי הַחָכְמָה הָעֶלְיוֹנָה הִיא פְּרוּשָׂה עַל כָּל הַנִּבְרָאִים דּוֹמֵם וְצוֹמֵחַ וְחַי וּמְדַבֵּר. וּמִטַּעַם זֶה הֻזְהַרְנוּ מִבִּזּוּי אוֹכָלִים. וְעַל דָּבָר זֶה רָאוּי, שֶׁכְּמוֹ שֶׁהַחָכְמָה הָעֶלְיוֹנָה אֵינָהּ מְבַזָּה שׁוּם נִמְצָא וְהַכֹּל נַעֲשָׂה מִשָּׁם כְּדִכְתִיב "כֻּלָּם בְּחָכְמָה עָשִׂיתָ", כֵּן יִהְיֶה רַחֲמֵי הָאָדָם עַל כָּל מַעֲשָׂיו יִתְבָּרֵךְ. וּמִטַּעַם זֶה הָיָה עֹנֶשׁ רַבֵּינוּ הַקָּדוֹשׁ עַל יְדֵי שֶׁלֹּא חָס עַל בֶּן הַבָּקָר שֶׁהָיָה מִתְחַבֵּא אֶצְלוֹ וְאָמַר לוֹ "זִיל לְכָךְ נוֹצַרְתָּ" (בָּבָא מְצִיעָא פה.) בָּאוּ לוֹ יִסּוּרִין, שֶׁהֵם מִצַּד הַדִּין שֶׁהֲרֵי הָרַחֲמִים מְגִנִּים עַל הַדִּין, וְכַאֲשֶׁר רִחֵם עַל הַחֻלְדָּה וְאָמַר "רַחֲמָיו עַל כָּל מַעֲשָׂיו" כְּתִיב, נִצּוֹל מִן הַדִּין מִפְּנֵי שֶׁפֵּרֵשׁ אוֹר הַחָכְמָה עָלָיו וְנִסְתַּלְּקוּ הַיִּסּוּרִין. וְעַל דֶּרֶךְ זֶה לֹא יְבַזֶּה בְּשׁוּם נִמְצָא מִן הַנִּמְצָאִים שֶׁכֻּלָּם בְּחָכְמָה וְלֹא יַעֲקֹר הַצּוֹמֵחַ אֶלָּא לְצֹרֶךְ, וְלֹא יָמִית הַבַּעַל חַי אֶלָּא לְצֹרֶךְ, וְיִבְרֹר לָהֶם מִיתָה יָפָה בְּסַכִּין בְּדוּקָה לְרַחֵם כָּל מַה שֶּׁאֶפְשָׁר.

זֶה הַכְּלָל: הַחֶמְלָה עַל כָּל הַנִּמְצָאִים שֶׁלֹּא לְחַבְּלָם תְּלוּיָה בַּחָכְמָה, זוּלָתִי לְהַעֲלוֹתָם מִמַּעֲלָה אֶל מַעֲלָה, מִצּוֹמֵחַ לְחַי, מֵחַי לִמְדַבֵּר שֶׁאָז מֻתָּר לַעֲקֹר הַצּוֹמֵחַ וּלְהָמִית הַחַי - לָחוּב עַל מְנָת לְזַכּוֹת:

פֶּרֶק ד

113

הָאֵיךְ יַרְגִּיל הָאָדָם עַצְמוֹ בְּמִדַּת הַבִּינָה
[בִּינָה הִיא תְּשׁוּבָה]

וְהוּא לָשׁוּב בִּתְשׁוּבָה שֶׁאֵין דָּבָר חָשׁוּב כָּמוֹהָ מִפְּנֵי שֶׁהִיא מְתַקֶּנֶת
כָּל פְּגָם, וּכְמוֹ שֶׁדֶּרֶךְ הַבִּינָה לְמַתֵּק כָּל הַדִּינִים וּלְבַטֵּל מְרִירוּתָם,
כָּךְ הָאָדָם יָשׁוּב בִּתְשׁוּבָה וִיתַקֵּן כָּל פְּגָם. וּמִי שֶׁמְּמַהֵר הֵר תְּשׁוּבָה
כָּל יָמָיו גּוֹרֵם שֶׁתָּאִיר הַבִּינָה בְּכָל יָמָיו וְנִמְצְאוּ כָּל יָמָיו בִּתְשׁוּבָה
דְּהַיְנוּ לִכְלָל עַצְמוֹ בְּבִינָה שֶׁהִיא תְּשׁוּבָה וִימֵי חַיָּיו מְעֻטָּרִים
בְּסוֹד הַתְּשׁוּבָה הָעֶלְיוֹנָה. וּרְאֵה כִּי כְּמוֹ שֶׁהַתְּשׁוּבָה יֵשׁ בָּהּ שֹׁרֶשׁ
כָּל הַנִּמְצָאוֹת בְּסוֹד הַיּוֹבֵל וַהֲרֵי שֹׁרֶשׁ הַחִיצוֹנִים סוֹד נָהָר דִּינוּר
הַנִּכְלָל בִּקְדֻשָּׁה בְּסוֹד הַגְּבוּרוֹת נִשְׁרָשׁ שָׁם וְיִתְפַּשֵּׁט מִשָּׁם וְיִקָּרֵא
הִתְפַּשְּׁטוּת חֲרוֹן אַף וּבְסוֹד "וַיָּרַח ה' אֶת רֵיחַ הַנִּיחֹחַ" (בְּרֵאשִׁית
ח, כא) יַחֲזֹר הַהִתְפַּשְּׁטוּת הַהוּא אֶל מְקוֹרוֹ וְיֻמְתְּקוּ הַדִּינִים וְיִשְׁקֹט
הֶחָרוֹן וְיִנָּחֵם ה' עַל הָרָעָה, כָּךְ הָאָדָם בְּסוֹד תְּשׁוּבָתוֹ עוֹשֶׂה סוֹד זֶה.

[הַתְּשׁוּבָה טוֹבָה גַּם לָרַע]

שֶׁלֹּא תֹאמַר שֶׁהַתְּשׁוּבָה טוֹבָה לְחֵלֶק הַקְּדֻשָּׁה שֶׁבָּאָדָם, אֶלָּא גַּם
לְחֵלֶק הָרַע שֶׁבּוֹ, מִתְמַתֵּק כְּעֵין הַמִּדָּה הַזֹּאת. תֵּדַע שֶׁהֲרֵי קַיִן רַע
הָיָה וּמְנֻחָשׁ הָיָה וְנֶאֱמַר לוֹ (שם ד, ז) "הֲלֹא אִם תֵּיטִיב שְׂאֵת" אַל
תַּחְשֹׁב מִפְּנֵי שֶׁאַתָּה מִצַּד הָרַע שֶׁאֵין לְךָ תַּקָּנָה, זֶה שֶׁקֶר. הֲלֹא אִם
תֵּיטִיב וְתַשְׁרִישׁ עַצְמְךָ בְּסוֹד הַתְּשׁוּבָה שֶׁאִם תִּסְתַּלֵּק שָׁם בְּסוֹד
הַטּוֹב הַמְּשֹׁרָשׁ שָׁם שֶׁכָּל מַר עֶלְיוֹן שָׁרְשׁוֹ מָתוֹק וְיָכוֹל לִכָּנֵס דֶּרֶךְ
שָׁרְשׁוֹ וּלְהֵיטִיב עַצְמוֹ, וְלָזֶה הַפְּעֻלּוֹת עַצְמָן מֵטִיב הָאָדָם וּזְדוֹנוֹת
נַעֲשׂוּ לוֹ כִּזְכֻיּוֹת, כִּי הִנֵּה אִתָם הַפְּעֻלּוֹת שֶׁעָשָׂה הָיוּ מְקַטְרְגוֹת
מִסִּטְרָא דִשְׂמָאלָא, שָׁב בִּתְשׁוּבָה שְׁלֵמָה, הֲרֵי מַכְנִיס וּמַשְׁרִישׁ
אוֹתָן הַפְּעֻלּוֹת לְמַעְלָה וְכָל אוֹתָם הַמְקַטְרְגִים אֵינָם מִתְבַּטְּלִים אֶלָּא
מְטִיבִין עַצְמָן וּמִשְׁתָּרְשִׁים בִּקְדֻשָּׁה כְּעֵין הֲטָבַת קַיִן, וַהֲרֵי אִם קַיִן
שָׁב בִּתְשׁוּבָה וְנִתְקַן הִנֵּה זְדוֹן אָדָם הָרִאשׁוֹן שֶׁבּוֹ הוֹלִיד אֶת קַיִן –
קִינָא דִמְסָאֲבוּתָא, הָיָה נֶחְשָׁב לוֹ זְכוּת, בְּסוֹד "בְּרָא מְזַכֶּה אַבָּא"
(סַנְהֶדְרִין קד.). אָמְנָם לֹא רָצָה לָשׁוּב, וּלְכָךְ כָּל סִטְרָא דִשְׂמָאלָא

נִמְשַׁךְ מִשָּׁם, וְכָל עֲנָפָיו עֲתִידִין לְהִתְמַתֵּק וְהֵם שָׁבִים וּמִתְמַתְּקִים, וְהַיְנוּ מַמָּשׁ מִן הַטַּעַם שֶׁפֵּרַשְׁנוּ, שֶׁהָאָדָם מַשְׁרִישׁ בְּעַצְמוֹ סוֹד הָרַע וּמְמַתְּקוֹ וּמַכְנִיסוֹ אֶל הַטּוֹב. לְפִיכָךְ הָאָדָם מְטַהֵר יֵצֶר הָרַע וּמַכְנִיסוֹ אֶל הַטּוֹב וְהוּא מִשְׁתָּרֵשׁ בִּקְדֻשָּׁה לְמַעְלָה.

וְזוֹ הִיא מַעֲלַת הַתְּשׁוּבָה שֶׁהָאָדָם יִתְנַהֵג בָּהּ, צָרִיךְ שֶׁבְּכָל יוֹם וָיוֹם יְהַרְהֵר בָּהּ וְיַעֲשֶׂה תְּשׁוּבָה בְּצַד מַה כְּדֵי שֶׁיִּהְיוּ כָּל יָמָיו בִּתְשׁוּבָה:

פֶּרֶק ה

כֵּיצַד יַרְגִּיל הָאָדָם עַצְמוֹ בְּמִדַּת הַחֶסֶד

[הָעִקָּר - אַהֲבַת ה']

עִקַּר כְּנִיסַת הָאָדָם אֶל סוֹד הַחֶסֶד הוּא לֶאֱהֹב אֶת ה' תַּכְלִית אַהֲבָה שֶׁלֹּא יַנִּיחַ עֲבוֹדָתוֹ לְשׁוּם סִבָּה מִפְּנֵי שֶׁאֵין דָּבָר נֶאֱהָב אֶצְלוֹ כְּלָל לְעֶרֶךְ אַהֲבָתוֹ יִתְבָּרַךְ, וְלָזֶה יְתַקֵּן תְּחִלָּה צָרְכֵי עֲבוֹדָתוֹ וְאַחַר כָּךְ הַמּוֹתָר יִהְיֶה לִשְׁאָר הַצְּרָכִים, וְתִהְיֶה הָאַהֲבָה הַזֹּאת תְּקוּעָה בְּלִבּוֹ בֵּין יְקַבֵּל טוֹבוֹת מֵאֵת הַקָּדוֹשׁ בָּרוּךְ הוּא וּבֵין יְקַבֵּל יִסּוּרִין וְתוֹכָחוֹת יַחְשְׁבֵם לְאַהֲבָה לוֹ כְּדִכְתִיב (מִשְׁלֵי כז, ו): "נֶאֱמָנִים פִּצְעֵי אוֹהֵב", וּכְדִכְתִיב (דְּבָרִים ו, ה): "וּבְכָל מְאֹדֶךָ" וּפֵרְשׁוּ (בְּרָכוֹת נד.) "בְּכָל מִדָּה וּמִדָּה וְכוּ'" כְּדֵי לְכָלְלָם כָּל הַמִּדּוֹת בְּחֶסֶד וְנִמְצָא סוֹד הַנְהָגָתוֹ מֵהַמַּלְכוּת וְעִם הֱיוֹת שֶׁהִיא פּוֹעֶלֶת דִּין הִיא קְשׁוּרָה בְּחֶסֶד, וְהַיְנוּ מִדַּת נַחוּם אִישׁ גַּם זוֹ שֶׁהָיָה אוֹמֵר "גַּם זוֹ לְטוֹבָה", רָצָה לִקְשָׁרָהּ תָּמִיד בְּצַד הַחֶסֶד הַנִּקְרָא טוֹב וְהָיָה אוֹמֵר גַּם זוֹ שֶׁנִּרְאָה שֶׁהִיא בִּשְׂמֹאל קְשׁוּרָה בַּגְּבוּרָה אֵינוֹ אֶלָּא לְטוֹבָה הִיא קְשׁוּרָה בְּחֶסֶד וְהָיָה שָׂם דַּעְתּוֹ אֶל צַד הַטּוֹב בַּמִּדָּה הַהִיא וּמַסְתִּיר דִּינֶיהָ. וְזוֹ הִיא הַנְהָגָה גְּדוֹלָה לְהִקָּשֵׁר בְּחֶסֶד תָּמִיד.

וּבַתִּקּוּנִים פֵּרְשׁוּ (בַּהַקְדָּמָה) "אֵיזֶה חָסִיד הַמִּתְחַסֵּד עִם קוֹנוֹ". לְפִי שֶׁגְּמִילוּת חֲסָדִים שֶׁאָדָם עוֹשֶׂה בַּתַּחְתּוֹנִים צָרִיךְ שֶׁיְּכַוֵּן בָּהּ הַתִּקּוּן הָעֶלְיוֹן דֻּגְמָתוֹ, וְהוּא שֶׁגּוֹמֵל חֶסֶד עִם קוֹנוֹ.

[מֵהַחֶסֶד בִּבְנֵי אָדָם יִלְמַד הַחֶסֶד עִם קוֹנוֹ]

וְעַתָּה צָרִיךְ לָדַעַת כַּמָּה הֵן מִדּוֹת גְּמִילוּת חֲסָדִים בִּבְנֵי אָדָם, וְכֻלָּם יַעֲשֶׂה עִם קוֹנוֹ לְמַעֲלָה אִם יִרְצֶה לִקְנוֹת מִדַּת הַחֶסֶד, וְלָזֶה נֹאמַר כִּי מִדּוֹת גְּמִילוּת חֲסָדִים הֵם אֵלּוּ:

רִאשׁוֹנָה

בְּלֵדַת הָאָדָם צָרִיךְ לִגְמֹל עִמּוֹ כָּל תִּקּוּן לִמְזוֹנוֹ.

אִם כֵּן יַעֲלֶה בְּדַעְתּוֹ עֵת לֵדַת הַבִּינָה - הַתִּפְאֶרֶת. וַיְהִי בְּהַקְשֹׁתָהּ בְּלֵדְתָּהּ מִצַּד הַדִּין חַס וְשָׁלוֹם, יֵצֵא הַתִּפְאֶרֶת לְצַד הַגְּבוּרוֹת וְלֵדָתָהּ בְּקֹשִׁי, צָרִיךְ לְתַקֵּן שָׁם כָּל הָאֶפְשָׁר שֶׁתִּהְיֶה לֵדַת הַתִּפְאֶרֶת לְצַד הַיָּמִין כְּדֵי שֶׁיֵּצֵא הַוָּלָד בְּלִי מוּם כְּלָל כְּדְאָמְרִינַן "וְתוֹצִיא לָאוֹר מִשְׁפָּטֵינוּ קָדוֹשׁ" דְּהַיְנוּ שֶׁיּוֹצִיא הַתִּפְאֶרֶת מִשְׁפָּט לְצַד הָאוֹר שֶׁהוּא הַיָּמִין וְיִהְיֶה קָדוֹשׁ וְנִבְדָּל מִן הַגְּבוּרוֹת, וּבָזֶה נִכְלָל הֱיוֹתוֹ מְכֻוָּן בְּמַעֲשָׂיו לְקֻשְׁרוֹ לְהַחֶסֶד תָּמִיד בַּחֶסֶד וּלְהוֹצִיא מִן הַבִּינָה בְּצַד הַחֶסֶד וְאָז יֵצֵא הַוָּלָד מִזְרָז וּמְלֻבָּן וְכִמְעַט בָּזֶה נִכְלָל כָּל אַזְהָרָה שֶׁבַּתּוֹרָה כְּדֵי שֶׁלֹּא יְעוֹרְרוּ הַגְּבוּרוֹת תִּגְבֹּרֶת הַדִּינִים שָׁם וְיִהְיֶה קֹשִׁי בְּלֵדָתָהּ חַס וְשָׁלוֹם.

שְׁנִיָּה

לָמוּל אֶת הַוָּלָד הַיְנוּ לַעֲשׂוֹת כְּתִקּוּנֵי מִצְוֹתָיו.

שֶׁכָּל אֵיזֶה צַד קְלִפָּה וְעָרְלָה הַמִּסְתַּפֶּלֶת אֶל הַיְסוֹד יָמוּל אֹתָהּ וְיִרְדֹּף אַחַר כָּל אֹתָם הַגּוֹרְמִים שָׁם עָרְלָה וְיַחֲזִירֵם בִּתְשׁוּבָה, בְּאֹפֶן שֶׁבִּהְיוֹתוֹ מָל אֶת עָרְלַת לְבָבָם גּוֹרֵם שֶׁיִּהְיֶה הַצַּדִּיק הָעֶלְיוֹן בְּלִי עָרְלָה וְיַעֲמֹד בְּחָזְקָה לְתַקֵּן כָּל הַדְּבָרִים הַגּוֹרְמִים שָׁם עָרְלָה, וְלָזֶה פִּנְחָס כְּשֶׁמָּל עָרְלַת בְּנֵי יִשְׂרָאֵל זָכָה אֶל כְּהֻנָּה מִפְּנֵי שֶׁגָּמַל חֶסֶד עִם קוֹנוֹ בְּסוֹד הַמִּילָה שֶׁמָּל הַיְסוֹד מֵאוֹתָהּ עָרְלָה זָכָה אֶל הַחֶסֶד. וְכֵן מִזֶּה יִלְמֹד אֶל כָּל שְׁאָר מִדּוֹת הַחֶסֶד.

שְׁלִישִׁית

לְבַקֵּר חוֹלִים וּלְרַפְּאוֹתָם.

כָּךְ יָדוּעַ שֶׁהַשְּׁכִינָה הִיא חוֹלַת אַהֲבָה מֵהַיִּחוּד כְּדִכְתִיב (שִׁיר הַשִּׁירִים ב, ה): "כִּי חוֹלַת אַהֲבָה אָנִי" וּרְפוּאָתָהּ בְּיַד הָאָדָם

לְהָבִיא לָהּ סַמָּנִים יָפִים כְּדִכְתִיב (שָׁם) "סַמְּכוּנִי בָּאֲשִׁישׁוֹת רַפְּדוּנִי
בַּתַּפּוּחִים" וּפֵרְשׁוּ בַּתִּקּוּנִים (דַּף לֹט:) שֶׁסּוֹד אֲשִׁישׁוֹת הַיְנוּ כָּל
הַדְּבָרִים הַנִּקְשָׁרִים בְּמַלְכוּת, בְּאֵשׁ י' חֶסֶד, וּבְאֵשׁ ה' גְּבוּרָה, בִּשְׁנֵי
זְרוֹעוֹת וְשָׁם הִיא נִסְמֶכֶת עֲלֵיהֶם וּמִי שֶׁעוֹשֶׂה זֶה סוֹמֵךְ הַחוֹלָה
בְּחָלְיוֹ.

הַשֵּׁנִי, "רַפְּדוּנִי בַּתַּפּוּחִים" פֵּרוּשׁ לְקָשְׁרָה בֵּין נֶצַח וְהוֹד שֶׁשָּׁם הִיא
רְפִידָתָהּ בִּהְיוֹתָהּ חִוֵּר וְסוֹמֶק כַּתַּפּוּחִים הַלָּלוּ שֶׁגּוֹנֵיהֶם מְזוּגִּים מִצַּד
הַחֶסֶד. וְצָרִיךְ לְבַקְּרָהּ וְלִזְכֹּר אֹתָהּ וּלְחַלּוֹת פָּנֶיהָ שֶׁתְּקַבֵּל מַאֲכָל
וּמַשְׁקֶה מֵהַשֶּׁפַע הָעֶלְיוֹן שֶׁהִיא מוֹנַעַת עַצְמָהּ מִמֶּנּוּ, וַתִּקְצַר נַפְשָׁהּ
בַּעֲמַל יִשְׂרָאֵל. כְּדֶרֶךְ שֶׁהוּא בְּחוֹלִים הַגַּשְׁמִיִּים, כָּךְ צָרִיךְ בְּחוֹלִים
הָעֶלְיוֹנִים שֶׁהִיא חוֹלָה כִּדְאָמְרָן. וְהוּא חוֹלֶה דְּנַע מֵאַתְרֵיהּ - עָלְמָא
דְּאָתֵי בִּינָה, וְנַע אַבַּתְרָהּ בְּעָלְמָא דֵין כְּדִכְתִיב (מִשְׁלֵי כז, ח):
"כְּצִפּוֹר נוֹדֶדֶת מִן קִנָּהּ" שֶׁהִיא הַשְּׁכִינָה "כֵּן אִישׁ נוֹדֵד מִמְּקוֹמוֹ",
וּנְסִיר לָהּ וְאוֹמֵי דְּלָא יָתִיב לְאַתְרֵיהּ עַד דְּיַחֲזִיר לָהּ לְאַתְרָהּ, הִנֵּה
גַם הוּא מְחַלֵּל מִפִּשְׁעֵנוּ מְדַכָּא לִרְצוֹנוֹ מֵעֲוֹנֹתֵינוּ וּרְפוּאַת שְׁנֵיהֶם
בְּיָדֵינוּ. וְרָאוּי לְבַקְּרָם וּלְהַזְמִין צָרְכֵיהֶם בַּתּוֹרָה וּבַמִּצְוֹת.

רְבִיעִית

לָתֵת צְדָקָה לָעֲנִיִּים.

וְדֻגְמָתָם יְסוֹד וּמַלְכוּת. וְהַצְּדָקָה הָרְאוּיָה אֲלֵיהֶם פֵּרְשׁוּ בַּתִּקּוּנִים
(תִּקּוּן י"ח, דַּף ל"ג.) לְקַיֵּם צ' אָמֵנִים ד' קְדֻשּׁוֹת ק' בְּרָכוֹת ה'
חֻמְשֵׁי תּוֹרָה, בְּכָל יוֹם. וְעַל דֶּרֶךְ זֶה כָּל אֶחָד כְּפִי כֹּחוֹ יַמְשִׁיךְ
צְדָקָה מִתְפָּאֶרֶת לָעֲנִיִּים הַלָּלוּ וְיַזְמִין אֲלֵיהֶם "לֶקֶט" מֵהַסְּפִירוֹת
כֻּלָּם, "שִׁכְחָה" מִסּוֹד הָעֹמֶר הָעֶלְיוֹן שֶׁהִיא בִינָה "וּפֵאָה" מִבְּחִינַת
הַמַּלְכוּת עַצְמָהּ שֶׁהִיא פֵּאָה לִשְׁאָר הַמִּדּוֹת, וּכְתִיב (וַיִקְרָא יט, י):
"לֶעָנִי וְלַגֵּר תַּעֲזֹב אֹתָם" שֶׁאֲפִילוּ הַתִּתְפָּאֶרֶת גֵּר לְמַטָּה בַּמַּלְכוּת,
וְצָרִיךְ לָתֵת לוֹ מֵאֵלּוּ הַתִּקּוּנִים, וְכֵן מַעֲשֵׂר עָנִי לְהַעֲלוֹת הַמַּלְכוּת
שֶׁהִיא מַעֲשֵׂר אֶל הַיְסוֹד הַנִּקְרָא עָנִי וְאִם יְקַשְּׁרֶנָּה בַּתִּתְפָּאֶרֶת יִתֵּן מִן
הַמַּעֲשֵׂר אֶל הַחַג. וְכַמָּה תִקּוּנִים נִכְלָלִים בָּזֶה.

חֲמִישִׁית

הַכְנָסַת אוֹרְחִים.

הֵם הַתִּפְאֶרֶת וְהַיְסוֹד לָתֵת לָהֶם בֵּית מְנוּחָה שֶׁיָּנוּחוּ בָהּ דְּהַיְנוּ
הַמַּלְכוּת, כֵּיוָן שֶׁהֵם הוֹלְכֵי דְּרָכִים בְּסוֹד הַגָּלוֹת לַחֲזֹר עַל אֲבֵדָתָם
צָרִיךְ לְהַכְנִיסָם שָׁם. וּלְפִי הַמִּתְבָּאֵר בַּזֹּהַר (וַיֵּרָא, ח"א קטו:)
שֶׁזֶּה הַמִּצְוָה מִתְקַיֶּמֶת בְּהוֹלְכֵי עַל דֶּרֶךְ שִׂיחוֹ, שֶׁהֵם הַמִּתְגָּרְשִׁים
מִבְּיתֵיהֶם לַעֲסֹק בַּתּוֹרָה שֶׁגּוֹרְמִים שֶׁיִּהְיוּ הָאוֹרְחִים עוֹסְקִים בְּצָרְכֵי
הַמַּלְכוּת. וְכֵן כָּל הָעוֹשֶׂה יִחוּד אֶל הַתִּפְאֶרֶת בַּמַּלְכוּת מִבְּחִינָה
אַחֶרֶת וְקוֹבֵעַ מָקוֹם לְתוֹרָתוֹ, גּוֹרֵם שֶׁהַתִּפְאֶרֶת יַעֲשֶׂה מְלוֹנוֹ
בַּמַּלְכוּת. וְכֵן פֵּרְשׁוּ בַּתִּקּוּנִים (בַּהַקְדָּמָה) וְאֶל הָאוֹרְחִים צָרִיךְ
לְהָכִין אֲכִילָה שְׁתִיָּה לְוָיָה, דְּהַיְנוּ שֶׁצָּרִיךְ לְהַכְנִיס הַתִּפְאֶרֶת וְהַיְסוֹד
אֶל הַמַּלְכוּת וְלָתֵת לָהֶם שָׁם "אֲכִילָה" מֵעֵין "בָּאתִי לְגַנִּי אֲכַלְתִּי
יַעְרִי עִם דִּבְשִׁי" (שיר השירים ה, א) שֶׁהוּא שֶׁפַע רָאוּי לַהַנְהָגָה
הַתַּחְתּוֹנָה הַמִּתְפַּשֶּׁטֶת מִצַּד הַגְּבוּרָה הַמְּתוּקָה. וּ"שְׁתִיָּה" מֵעֵין
"שָׁתִיתִי יֵינִי עִם חֲלָבִי" שֶׁהוּא שֶׁפַע פְּנִימִי מִן הַיַּיִן הַמְשֻׁמָּר וּמִסּוֹד
הֶחָלָב הַמִּתְמַתֵּק לִקְשֹׁר הַתִּפְאֶרֶת וְהַמַּלְכוּת -יַעֲקֹב וְרָחֵל, וְהַגְּבוּרָה
בְּנֶצַח אוֹ בְּהוֹד כִּי כֵן פֵּרְשׁוּ בְּרַעְיָא מְהֵימְנָא (וַיִּקְרָא, דַּף ד:).
וְהַ"לְוָיָה" לְהָבִיא עַצְמוֹ וְנִשְׁמָתוֹ שָׁם עִמָּהֶם בְּדִיּוֹקָן עֶלְיוֹן לְלַווֹתָם
שָׁם. עוֹד לְהָבִיא שְׁאָר הַסְּפִירוֹת שָׁם עִמָּהֶם לַעֲשׂוֹת לָהֶם לְוָיָה
טוֹבָה. וְכַמָּה דְּבָרִים נִכְלָלִים בְּתִקּוּן זֶה.

כְּלָלוֹ שֶׁל דָּבָר, יִשְׁתַּדֵּל בְּצֹרֶךְ הֶדְיוֹט וִיכַוֵּן בִּרְמִיזָתוֹ וּמִבְטָח הוּא
שֶׁיַּעֲשֶׂה לְמַעְלָה כַּיּוֹצֵא בּוֹ אַחַר שֶׁיִּהְיֶה בָּקִי בַּסּוֹדוֹת. וּמַה טּוֹב
לְהַזְכִּיר בְּפִיו רְמִיזַת כַּוָּנָתוֹ הַנְּכוֹנָה בִּשְׁעַת מַעֲשֶׂה לְקַיֵּם "בְּפִיךְ
וּבִלְבָבְךָ לַעֲשׂוֹתוֹ" (דברים ל, יד).

שִׁשִּׁית

עֵסֶק הַחַי עִם הַמֵּת.

וְדָבָר זֶה הֵיאַךְ יִתְיַחֵס לְמַעְלָה קָשֶׁה מְאֹד, כִּי הוּא סוֹד הַסְּפִירוֹת
שֶׁהֵם מִתְעַלְּמוֹת וּמִסְתַּלְּקוֹת אֶל נֵרְתִּיקָן לְמַעְלָה כַּמָּה צָרִיךְ לְתַקְּנָן

118

לְהַרְחִיצָן מִכָּל חֶלְאַת עָוֹן וּלְהַלְבִּישָׁן לְבָנִים לְבוֹנֵי הַסְּפִירוֹת בְּאוֹר הַמַּעֲשֶׂה הַטּוֹב, לְהִתְעַלּוֹת בְּסוֹד אֶחָד לְקַשְׁרָם לְמַעְלָה וְלָשֵׂאת אוֹתָם עַל הַכָּתֵף סוֹד עִלּוּי הַסְּפִירוֹת אַחַת אֶל אַחַת עַד שֶׁיִּתְעַלּוּ לְמַעְלָה מֵהַכָּתֵף שֶׁהוּא תְּחִלַּת חִבּוּר הַזְּרוֹעַ בַּגּוּף, וּלְמַעְלָה מִזֶּה הוּא סוֹד הָעֹלֶם שֶׁאֵין הַשָּׂגָה בּוֹ. וִיכַוֵּן בְּסוֹד הַקְּבוּרָה לַפָּסוּק (דְּבָרִים לד, ו): "וַיִּקְבֹּר אֹתוֹ בַגַּי" דְּמִתְרַגְּמִינָן בִּתְלֵיסַר מְכִילִין דְּרַחֲמֵי, שֶׁהֵן נוֹבְעוֹת בַּכֶּתֶר בִּבְחִינוֹתָיו הַפָּנוֹת לְמַטָּה לָרֶחֶם בַּתַּחְתּוֹנִים, וּמִשָּׁם יַעֲלֶה הַנִּקְבָּר אֶל הָעֵדֶן הָעֶלְיוֹן חָכְמָה שֶׁבַּכֶּתֶר, וְצָרִיךְ הִתְיַשְּׁבוּת הַדַּעַת בָּזֶה מְאֹד.

שְׁבִיעִית

הַכְנָסַת כַּלָּה לְחֻפָּה.

וּבָזֶה נִכְלָלִים כָּל צָרְכֵי הַיִּחוּד שֶׁכָּל הַתְּפִלּוֹת וְהַיִּחוּדִים הֵם סוֹד הַכְנָסַת כַּלָּה לַחֻפָּה, וְעִקָּרָהּ בְּסוֹד הַתְּפִלָּה מִכַּמָּה מַדְרֵגוֹת זוֹ אַחַר זוֹ: קָרְבָּנוֹת, זְמִירוֹת, תְּפִלָּה מְיֻשָּׁב שֶׁבָּהּ קְרִיאַת שְׁמַע וּבִרְכוֹתֶיהָ, אַחַר כָּךְ תְּפִלָּה מְעֻמָּד וּשְׁאָר תִּקּוּנִים הַבָּאִים אַחֲרֵיהֶם, הַכֹּל גְּמִילוּת חֶסֶד אֶל הֶחָתָן וְהַכַּלָּה לְפַקֵּחַ עַל צָרְכֵיהֶם, וְתִקּוּנֵי זִוּוּגָם.

שְׁמִינִית

הֲבָאַת שָׁלוֹם בֵּין אָדָם לַחֲבֵרוֹ.

שֶׁהֵם הַתִּפְאֶרֶת וְהַיְסוֹד, לִפְעָמִים יִתְרַחֲקוּ זֶה מִזֶּה וְצָרִיךְ לְהַשְׁלִימָם וּלְתַקְּנָם שֶׁיִּהְיוּ שָׁוִים וְנִקְשָׁרִים יַחַד בְּאַהֲבָה וְחִבָּה וְזֶה עַל יְדֵי כִּשְׁרוֹן הַמַּעֲשֶׂה הַטּוֹב שֶׁכַּאֲשֶׁר יִהְיֶה הַיְסוֹד נֹטֶה אֶל הַשְּׂמֹאל וְהַתִּפְאֶרֶת אֶל הַיָּמִין, אָז הֵם נְגְדִּיִּים זֶה לָזֶה עַד שֶׁהַיְסוֹד יִטֶּה אֶל הַיָּמִין כָּמוֹהוּ, וְכַאֲשֶׁר חַס וְשָׁלוֹם יֵשׁ אֵיזֶה פְּגַם שֶׁל עָוֹן בָּעוֹלָם אָז יֵשׁ שִׂנְאָה וְנֶגְדִּיּוּת בֵּין שְׁנֵיהֶם וְאֵין יִחוּד נִקְשָׁר בֵּין הַסְּפִירוֹת כְּלָל. וְעַל דֶּרֶךְ זֶה יִהְיֶה גַּם כֵּן בֵּין כָּל שְׁתֵּי סְפִירוֹת שֶׁהֵם יָמִין וּשְׂמֹאל, בֵּין הַחָכְמָה וְהַבִּינָה אוֹ בֵּין הַחֶסֶד וְהַגְּבוּרָה אוֹ בֵּין הַנֵּצַח וְהַהוֹד, צָרִיךְ לְהַכְנִיס שָׁלוֹם בֵּינֵיהֶם וְהַיְנוּ הֲבָאַת שָׁלוֹם בֵּין אָדָם לַחֲבֵרוֹ וְכֵן בֵּין אִישׁ

לְאִשְׁתּוֹ דְּהַיְנוּ הַיְסוֹד שָׁלוֹם בֵּין הַתִּפְאֶרֶת וּמַלְכוּת וְכָל כַּיּוֹצֵא בָזֶה מִדַּרְכֵי שָׁלוֹם, הוּא גְּמִילוּת חֲסָדִים לְמַעְלָה:

פֶּרֶק ו

הֵיאַךְ יַרְגִּיל אָדָם עַצְמוֹ בְּמִדַּת הַגְּבוּרָה

דַּע כִּי כָל פְּעֻלּוֹת הִתְעוֹרְרוּת יֵצֶר הָרָע הֵם מַמָּשׁ מְעוֹרְרוֹת הַגְּבוּרוֹת הַחֲזָקוֹת, לְכָךְ לֹא יִתְנוֹעֵעַ יֵצֶר הָרָע שֶׁלֹּא יְעוֹרֵר גְּבוּרָה. וְהַטַּעַם שֶׁהָאָדָם נוֹצַר בִּשְׁתֵּי יְצִירוֹת יֵצֶר טוֹב וְיֵצֶר הָרָע, זֶה חֶסֶד וְזֶה גְּבוּרָה, אָמְנָם פֵּרְשׁוּ בַּזֹּהַר בְּפָרָשַׁת בְּרֵאשִׁית (דַּף מט.) שֶׁיֵּצֶר טוֹב נִבְרָא לָאָדָם עַצְמוֹ לְצָרְכּוֹ, וְיֵצֶר הָרָע לְצֹרֶךְ אִשְׁתּוֹ. רְאֵה כַּמָּה מְתוּקִים דְּבָרָיו הֲרֵי הַתִּפְאֶרֶת בַּעַל הַחֶסֶד נוֹטֶה אֶל הַיָּמִין, וְכָל הַנְהָגוֹתָיו בַּיָּמִין - יֵצֶר טוֹב. וְהַנְּקֵבָה שְׂמָאלִית וְכָל הַנְהָגוֹתֶיהָ בַּגְּבוּרָה אִם כֵּן רָאוּי שֶׁלֹּא יִתְעוֹרֵר יֵצֶר הָרָע לְתוֹעֶלֶת עַצְמוֹ שֶׁהֲרֵי מְעוֹרֵר אָדָם הָעֶלְיוֹן בַּגְּבוּרָה וּמְאַבֵּד הָעוֹלָם. אִם כֵּן כָּל מִדּוֹת שֶׁיְּעוֹרֵר הָאָדָם לְעַצְמוֹ לְצַד הַגְּבוּרָה וְיֵצֶר הָרָע פּוֹגֵם הָאָדָם הָעֶלְיוֹן, וּמִכָּאן יִרְאֶה כַּמָּה מְגֻנֶּה הַכַּעַס וְכָל כַּיּוֹצֵא בוֹ שֶׁהוּא מַגְבִּיר הַגְּבוּרוֹת הַקָּשׁוֹת, אָמְנָם יֵצֶר הָרָע צָרִיךְ לִהְיוֹת קָשׁוּר וְאָסוּר לְבִלְתִּי יִתְעוֹרֵר לְשׁוּם פְּעֻלָּה שֶׁבָּעוֹלָם מִפְּעֻלּוֹת גּוּפוֹ לֹא לַחְמוּד בִּיאָה וְלֹא לַחְמֹד מָמוֹן וְלֹא לְצַד כַּעַס וְלֹא לְצַד כָּבוֹד כְּלָל.

אָמְנָם לְצֹרֶךְ אִשְׁתּוֹ יְעוֹרֵר יִצְרוֹ בְּנַחַת לְצַד הַגְּבוּרוֹת הַמְּתוּקוֹת כְּגוֹן לְהַלְבִּישָׁהּ, לְתַקֵּן לָהּ בַּיִת, וְיֹאמַר הֲרֵי בָּזֶה שֶׁאֲנִי מַלְבִּישָׁהּ אֲנִי מְתַקֵּן הַשְּׁכִינָה, שֶׁהִיא מִתְקַשֶּׁטֶת בַּבִּינָה שֶׁהוּא גְּבוּרָה דְּכָלִיל כּוּלְּהוּ גְּבוּרוֹת וְהֵן מִתְמַתְּקוֹת בַּהֲמוֹן רַחֲמֶיהָ. לְפִיכָךְ כָּל תִּקּוּנֵי הַבַּיִת הֵם תִּקּוּנֵי הַשְּׁכִינָה שֶׁהִיא מִתְמַתֶּקֶת מִצַּד יֵצֶר הָרָע הַגִּבּוֹרָא לַעֲשׂוֹת רְצוֹן קוֹנוֹ לֹא זוּלָת, לְפִיכָךְ לֹא יְכַוֵּן הָאָדָם בּוֹ שׁוּם הֲנָאָה שֶׁל כְּלוּם אֶלָּא כְּשֶׁאִשְׁתּוֹ מִתְנָאָה לְפָנָיו בְּדִירָה נָאָה יְכַוֵּן לְתִקּוּנֵי שְׁכִינָה שֶׁהִיא מִתְתַּקֶּנֶת בַּגְּבוּרוֹת הַשְּׂמָאלִיּוֹת הַטּוֹבוֹת שֶׁמִּשָּׁם הָעֹשֶׁר וְהַכָּבוֹד. וּמִצַּד זֶה יְעוֹרֵר הַיֵּצֶר הָרָע לְאַהֲבָתָהּ, וְאָז יְכַוֵּן אֶל הַשְּׂמֹאל הַמִּתְעוֹרֵר לְקָרְבָה בְּסוֹד "שְׂמֹאלוֹ תַּחַת לְרֹאשִׁי" (שִׁיר הַשִּׁירִים

ח, ג) אֵינָה מִתְקַשֶּׁרֶת תְּחִלָּה אֶלָּא מִצַּד הַשְּׂמֹאל וְאַחַר כָּךְ "וִימִינוֹ
תְּחַבְּקֵנִי" יְכַוֵּן לְמַתֵּק כָּל אֹתָם הַתִּקּוּנִים בְּיִצְרוֹ הַטּוֹב, וּלְתַקֵּן אֹתָהּ
מַמָּשׁ לְשַׂמְּחָהּ בִּדְבַר מִצְוָה לְשֵׁם הַיִּחוּד עֶלְיוֹן הֲרֵי הַמַּמְתִּיק כָּל
הַגְּבוּרוֹת וּתְקַנְּם בִּימִין, וְדֶרֶךְ זֶה יִהְיֶה לְכָל מִינֵי חֶמְדָּה הַבָּאִים מִצַּד
יֵצֶר הָרָע יִהְיֶה עִקָּרָם לְתִקּוּנֵי הָאִשָּׁה אֲשֶׁר הוֹכִיחַ ה' לוֹ לְעֵזֶר כְּנֶגְדּוֹ,
וְיַהֲפֹךְ כּוּלָּם אַחַר כָּךְ לַעֲבוֹדַת ה', לְקָשְׁרָם בַּיָּמִין:

פֶּרֶק ז

הֵיאַךְ יַרְגִּיל הָאָדָם עַצְמוֹ בְּמִדּוֹת הַתִּפְאֶרֶת

אֵין סָפֵק שֶׁמִּדַּת הַתִּפְאֶרֶת הוּא הָעֵסֶק בַּתּוֹרָה, אָמְנָם צָרִיךְ זְהִירוּת
גָּדוֹל שֶׁלֹּא יִתְגָּאֶה אָדָם בְּדִבְרֵי תוֹרָה שֶׁלֹּא יִגְרֹם רָעָה גְדוֹלָה,
שֶׁהֲרֵי כְּמוֹ שֶׁהוּא מִתְגָּאֶה כָּךְ גּוֹרֵם שֶׁמִּדַּת הַתִּפְאֶרֶת שֶׁהִיא הַתּוֹרָה
תִּתְגָּאֶה וְתִסְתַּלֵּק לְמַעְלָה חַס וְשָׁלוֹם אֶלָּא כָּל הַמַּשְׁפִּיל עַצְמוֹ
בְּדִבְרֵי תוֹרָה גּוֹרֵם אֶל הַתִּפְאֶרֶת שֶׁתֵּרֵד וְתַשְׁפִּיל עַצְמָהּ לְהַשְׁפִּיעַ
לַמַּלְכוּת. וַהֲרֵי לְמַטָּה מֵהַתִּפְאֶרֶת אַרְבַּע סְפִירוֹת וְלָהֶן שָׁלֹשׁ מִדּוֹת:

רִאשׁוֹנָה

הַמִּתְגָּאֶה עַל תַּלְמִידִים גּוֹרֵם שֶׁהַתִּפְאֶרֶת יִתְגָּאֶה וְיִתְעַלֶּה מֵעַל נֶצַח
וְהוֹד שֶׁהֵם לְמֵדֵי ה' תַּלְמִידֵי הַתִּפְאֶרֶת, וְהַמַּשְׁפִּיל עַצְמוֹ וּמְלַמְּדָה
בְּאַהֲבָה, גַּם הַתִּפְאֶרֶת יַשְׁפִּיל עַצְמוֹ אֶל תַּלְמִידָיו וְיַשְׁפִּיעֵם, לְפִיכָךְ
יִהְיֶה הָאָדָם נוֹחַ לְתַלְמִידָיו וִילַמְּדֵם כַּאֲשֶׁר יוּכְלוּן שְׂאֵת, וְהַתִּפְאֶרֶת
בִּזְכוּתוֹ יַשְׁפִּיעַ בְּלִמּוּדֵי ה' כְּפִי בְּחִינָתָם הָרְאוּיָה אֲלֵיהֶם.

שְׁנִיָּה

הַמִּתְגָּאֶה בְּתוֹרָתוֹ עַל הֶעָנִי וּמְבַזֶּה אוֹתוֹ, כְּהַהוּא עוּבְדָּא דְאֵלִיָּהוּ
שֶׁנִּדְמָה לְרַבִּי שִׁמְעוֹן בֶּן אֶלְעָזָר כְּעָנִי מְכֹעָר, נִבְזֶה וְנִמְאָס,
לְהַכְשִׁילוֹ, שֶׁזָּחָה דַעְתּוֹ עָלָיו וְגִנָּה אֶת הֶעָנִי וְהוּא הוֹכִיחַ עַל פָּנָיו
מוּמוֹ (תַּעֲנִית כ.), כִּי הַמִּתְגָּאֶה עַל הֶעָנִי גּוֹרֵם שֶׁהַתִּפְאֶרֶת יִתְגָּאֶה
עַל הַיְסוֹד וְלֹא יַשְׁפִּיעַ בּוֹ, וְאִם תִּהְיֶה דַעְתּוֹ שֶׁל חָכָם מְיֻשֶּׁבֶת עָלָיו
עִם הֶעָנִי אָז הַתִּפְאֶרֶת יַשְׁפִּיעַ בַּיְסוֹד. לְפִיכָךְ יֶחָשֵׁב הֶעָנִי מְאֹד אֵצֶל

הֶחָכָם וִיקָרְבֵהוּ, וְכָךְ יַחֲשֵׁב לְמַעְלָה הַיְסוֹד אֵצֶל הַתִּפְאֶרֶת וְיִתְקַשֵּׁר בּוֹ.

שְׁלִישִׁית

הַמִּתְגָּאֶה בְּתוֹרָתוֹ עַל עַמָּא דְאַרְעָא שֶׁהוּא כְּלַל עַם ה', גּוֹרֵם שֶׁהַתִּפְאֶרֶת יִתְגָּאֶה מֵעַל הַמַּלְכוּת וְלֹא יַשְׁפִּיעַ בָּהּ אֶלָּא יִהְיֶה דַעְתּוֹ מְעֹרֶבֶת עִם הַבְּרִיּוֹת וְכָל עַם הַיִּשּׁוּב חֲשׁוּבִים לְפָנָיו, מִפְּנֵי שֶׁהֵם לְמַטָּה בְּסוֹד הָאָרֶץ, וְחַס וְשָׁלוֹם אִם קוֹרֵא אֹתָם חֲמוֹרִים מוֹרִידָם אֶל הַקְּלִפּוֹת לְכָךְ לֹא יִזְכֶּה לְבֵן שֶׁיִּהְיֶה בּוֹ אוֹר תּוֹרָה כִּדְאִיתָא בַּגְּמָרָא (נְדָרִים פא.). אֶלָּא יִתְנַהֵג עִמָּהֶם בְּנַחַת עַל פִּי דַרְכָּם, כְּעֵין הַתִּפְאֶרֶת שֶׁהוּא מַשְׁפִּיעַ לַמַּלְכוּת וּמַנְהִיגָהּ כְּפִי עֲנִיּוּת דַעְתָּהּ, כִּי דַעְתָּן שֶׁל נָשִׁים קַלָּה (שַׁבָּת לג:) וּבִכְלָל זֶה שֶׁלֹּא יִתְגָּאֶה עַל כָּל חֲלוּשֵׁי הַדַּעַת שֶׁהֵם בִּכְלַל עֲפַר הָאָרֶץ. וּמִפְּנֵי זֶה הַקַּדְמוֹנִים לֹא הָיוּ מִתְגָּאִים בַּתּוֹרָה כְּעוֹבְדָא דְרַב הַמְנוּנָא בְּפָרְשַׁת בְּרֵאשִׁית (דַּף ז.) וּכְעוֹבְדָא דְּרַבִּי חַגַּאי (זֹהַר חֵלֶק א' דַּף קנח.) וּבַתִּקּוּנִים (סוֹף תִּקּוּן כ"ו, דַּף ע"ב, ב) הַהוּא סָבָא דְּבָעוּ לְנַשְּׁקָא לֵיהּ פָּרַח, שֶׁלֹּא הָיָה רוֹצֶה לְהִתְגָּאוֹת בְּדִבְרֵי תוֹרָה.

עוֹד יִהְיֶה רָגִיל בִּהְיוֹתוֹ נוֹשֵׂא וְנוֹתֵן בְּדִבְרֵי תוֹרָה לְכַוֵּן אֶל תִּקּוּנֵי שְׁכִינָה לְתַקְּנָהּ וּלְקַשְּׁטָהּ אֶל הַתִּפְאֶרֶת דְּהַיְנוּ הֲלָכָה אֶל הָאֱמֶת, וְזֶהוּ מַחֲלֹקֶת לְשֵׁם שָׁמַיִם דְּהַיְנוּ חֶסֶד וּגְבוּרָה לָבֹא אֶל הַתִּפְאֶרֶת שָׁמַיִם, לְהַסְכִּים הֲלָכָה עִמּוֹ. וְכָל מַחֲלֹקֶת שֶׁיֵּצֵא מִן הַשּׁוּרָה הַזֹּאת יִבָּדֵל מִמֶּנּוּ כִּי לֹא יִרְצֶה הַתִּפְאֶרֶת לְהִתְאַחֵז בַּחוּץ אֲפִלּוּ שֶׁיִּהְיֶה בְּדִבְרֵי תוֹרָה, אִם הוּא לְקַנְטֵר סוֹפָהּ גֵּיהִנֹּם חַס וְשָׁלוֹם, וְאֵין לְךָ מַחֲלֹקֶת שֶׁלֹּא יִפְגֹּם הַתִּפְאֶרֶת אֶלָּא מַחֲלֹקֶת הַתּוֹרָה לְשֵׁם שָׁמַיִם, שֶׁכָּל נְתִיבוֹתֶיהָ שָׁלוֹם וְאַהֲבָה בְּסוֹפָהּ.

וְהָאוֹכֵל הֲנָאוֹת מִדִּבְרֵי תוֹרָה פּוֹגֵם בַּמִּדָּה הַזֹּאת שֶׁהִיא קֹדֶשׁ וּמוֹצִיאָהּ אֶל דִּבְרֵי חֹל, וְכַאֲשֶׁר יַעֲסֹק בַּתּוֹרָה לַהֲנָאַת גָּבוֹהַּ אַשְׁרֵי חֶלְקוֹ. וְעִקַּר הַכֹּל הוּא לְצָרֵף דַּעְתּוֹ בְּמִבְחַן הַמַּחֲשָׁבָה וּלְפַשְׁפֵּשׁ

בְּעַצְמוֹ דֶּרֶךְ מַשָּׂא וּמַתָּן וְאִם יִמְצָא שֶׁמֶץ עֶרְוַת דָּבָר יַחֲזֹר בּוֹ,
וּלְעוֹלָם יוֹדֶה עַל הָאֱמֶת, כְּדֵי שֶׁיִּמָּצֵא שָׁם הַתִּפְאֶרֶת מִדַּת אֱמֶת:

פֶּרֶק ח

הֵיאַךְ יַרְגִּיל הָאָדָם עַצְמוֹ בְּמִדּוֹת נֶצַח הוֹד יְסוֹד

[תִּקּוּנֵי הַנֶּצַח וְהַהוֹד בִּכְלָלוּת]

וְאוּלָם בְּתִקּוּנֵי הַנֶּצַח וְהַהוֹד, קְצָתָם מְשֻׁתָּפִים לִשְׁנֵיהֶם וּקְצָתָם
מְיֻחָדִים כָּל אֶחָד לְעַצְמוֹ.

וְהִנֵּה רִאשׁוֹנָה צָרִיךְ לְסַיֵּעַ לוֹמְדֵי הַתּוֹרָה וּלְהַחֲזִיקָם אִם בְּמָמוֹנוֹ אוֹ
בְּמַעֲשֵׂהוּ לְהַזְמִין לָהֶם צָרְכֵי שִׁמּוּשׁ וְהַזְמָנַת מָזוֹן וַהֲפָקַת כָּל רְצוֹנָם
שֶׁלֹּא יִתְבַּטְּלוּ מִדִּבְרֵי תוֹרָה וּלְהִזָּהֵר שֶׁלֹּא לְגַנּוֹת תַּלְמוּדָם שֶׁלֹּא
יִתְרַפּוּ מֵעֵסֶק הַתּוֹרָה, אֶלָּא לְכַבְּדָם וּלְהַלֵּל מַעֲשֵׂיהֶם הַטּוֹבִים כְּדֵי
שֶׁיִּתְחַזְּקוּ בַּעֲבוֹדָה, וּלְהַזְמִין לָהֶם סְפָרִים צֹרֶךְ עִסְקָם וּבֵית מִדְרָשׁ,
וְכָל כַּיּוֹצֵא, שֶׁהוּא חִזּוּק וְסַעַד לְעוֹסְקֵי הַתּוֹרָה. הַכֹּל תָּלוּי בִּשְׁתֵּי
מִדּוֹת הַלָּלוּ כָּל אֶחָד כְּפִי כֹחוֹ הַמְעַט הוּא אִם רָב. סוֹף דָּבָר כָּל מַה
שֶּׁיַּרְבֶּה בָּזֶה לְכַבֵּד אֶת הַתּוֹרָה וּלְהַחֲזִיק בְּדִבּוּר בְּגוּפוֹ וּבְמָמוֹנוֹ וּלְעוֹרֵר
לֵב הַבְּרִיּוֹת אֶל הַתּוֹרָה שֶׁיִּתְחַזְּקוּ בָּהּ, הַכֹּל נֶאֱחָז וְנִשְׁרָשׁ בִּשְׁתֵּי
סְפִירוֹת אֵלֶּה, מִפְּנֵי שֶׁהֵם נִקְרָאִים מַחֲזִיקִים בָּהּ וְתוֹמְכֶיהָ.

עוֹד צָרִיךְ הָעוֹסֵק בַּתּוֹרָה שֶׁיִּלְמַד מִכָּל אָדָם כְּדִכְתִיב (תְּהִלִּים קיט,
צט): "מִכָּל מְלַמְּדַי הִשְׂכַּלְתִּי", כִּי אֵין הַתּוֹרָה מִשְׁתַּלֶּמֶת אֵצֶל רַב
אֶחָד, וְכֵיוָן שֶׁהוּא נַעֲשָׂה תַּלְמִיד לַכֹּל זוֹכֶה לִהְיוֹת מֶרְכָּבָה אֶל נֶצַח
וְהוֹד לְמוּדֵי ה' וְהַמַּשְׁפִּיעַ אֵלָיו תּוֹרָה הוּא בְּמַדְרֵגַת תִּפְאֶרֶת. וַהֲרֵי
בִּהְיוֹתוֹ יָשֵׁב וְלוֹמֵד זוֹכֶה אֶל הַתִּפְאֶרֶת שֶׁיַּשְׁפִּיעַ בְּנֶצַח וְהוֹד וְהוּא
בְּמַדְרֵגָתָם מַמָּשׁ.

[נֶצַח וָהוֹד בִּפְרָטוּת]

וְהִנֵּה בִּהְיוֹתוֹ לוֹמֵד מִקְרָא שֶׁהוּא מִן הַיָּמִין יֵשׁ לוֹ יַחַס פְּרָטִי אֶל
הַנֶּצַח, וּבִהְיוֹתוֹ לוֹמֵד מִשְׁנָה שֶׁהִיא מִן הַשְּׂמֹאל יֵשׁ לוֹ יַחַס פְּרָטִי
אֶל הַהוֹד, וְהַגְּמָרָא הַכְּלוּלָה בַּכֹּל שֶׁמֵּבִיא רְאָיָה לְדִינֵי הַמִּשְׁנָה מִן
הַכָּתוּב הֲרֵי זֶה תִּקּוּן לִשְׁנֵיהֶם יָחַד.

[תִּקּוּנֵי הַיְסוֹד]

וְאוּלָם הַאֵיךְ יַרְגִּיל הָאָדָם עַצְמוֹ בְּמִדַּת הַיְסוֹד, צָרִיךְ הָאָדָם לְהִזָּהֵר מְאֹד מֵהַדִּבּוּר הַמֵּבִיא לִידֵי הִרְהוּר כְּדֵי שֶׁלֹּא יָבֹא לִידֵי קֶרִי, אֵין צָרִיךְ לוֹמַר שֶׁלֹּא יְדַבֵּר נְבָלָה אֶלָּא אֲפִילוּ דִּבּוּר טָהוֹר הַמֵּבִיא לִידֵי הִרְהוּר רָאוּי לְהִשָּׁמֵר מִמֶּנּוּ, וַהֲכִי דַּיֵּק לִישָׁנָא דִּקְרָא (קֹהֶלֶת ה, ה): "אַל תִּתֵּן אֶת פִּיךָ לַחֲטִיא אֶת בְּשָׂרֶךָ" הִזְהִיר שֶׁלֹּא יִתֵּן פִּיו בְּדִבּוּר שֶׁמֵּבִיא לְהַחֲטִיא בְּשַׂר קֹדֶשׁ אוֹת בְּרִית - בְּקֶרִי. וּכְתִיב "לָמָּה יִקְצֹף הָאֱלֹהִים" וְגוֹ', וְאִם הוּא נִבְלוּת הַפֶּה, מַאי לַחֲטִיא, הֲרֵי הוּא בְּעַצְמוֹ חֵטְא, אֶלָּא אֲפִילוּ שֶׁהַדִּבּוּר לֹא יִהְיֶה חֵטְא אֶלָּא דִּבּוּר טָהוֹר, אִם מֵבִיא לִידֵי הִרְהוּר צָרִיךְ לְהִזָּהֵר מִמֶּנּוּ, וְלָזֶה אָמַר "לַחֲטִיא אֶת בְּשָׂרֶךָ לָמָּה יִקְצֹף", יִרְצֶה אַחַר שֶׁמַּחֲטִיא יִקְצֹף עַל אוֹתוֹ קוֹל אֲפִילוּ שֶׁיִּהְיֶה מֻתָּר, כִּי עַל יְדֵי פְּעֻלָּה רָעָה הַנִּמְשֶׁכֶת מִמֶּנּוּ, חָזַר הַקּוֹל וְהַדִּבּוּר רָע. כָּל כָּךְ צָרִיךְ זְהִירוּת לְאוֹת בְּרִית, שֶׁלֹּא לְהַרְהֵר וְלֹא יַשְׁחִית.

וְעוֹד צָרִיךְ לְהִזָּהֵר שֶׁהַיְסוֹד הוּא אוֹת בְּרִית הַקֶּשֶׁת, וְהַקֶּשֶׁת אֵינָהּ דְּרוּכָה לְמַעְלָה אֶלָּא לִשְׁלֹחַ חִצִּים לְמִדַּת הַמַּלְכוּת שֶׁהִיא מַטָּרָה לַחֵץ, שׁוֹמֶרֶת הַטִּפָּה הַיּוֹרָה כְּחֵץ לַעֲשׂוֹת עָנָף וְלָשֵׂאת פֶּרִי, וּכְשֵׁם שֶׁמֵּעוֹלָם לֹא יִדְרֹךְ הַקֶּשֶׁת הָעֶלְיוֹן אֶלָּא לְנֹכַח הַמַּטָּרָה הַנִּזְכֶּרֶת, כָּךְ הָאָדָם לֹא יִדְרֹךְ הַקֶּשֶׁת וְלֹא יַקְשֶׁה עַצְמוֹ בְּשׁוּם צַד, אֶלָּא לְנֹכַח הַמַּטָּרָה הָרְאוּיָה, שֶׁהִיא אִשְׁתּוֹ בְּטָהֳרָתָהּ שֶׁהוּא עֵת הַזִּוּוּג וְלֹא יוֹתֵר מִזֶּה, יִפְגַּם הַמִּדָּה הַזֹּאת חַס וְשָׁלוֹם וּמְאֹד מְאֹד צָרִיךְ זְהִירוּת, וְעִקַּר הַשְּׁמִירָה בִּהְיוֹתוֹ שׁוֹמֵר עַצְמוֹ מִן הַהִרְהוּר.

פֶּרֶק ט

הֵיאַךְ יַרְגִּיל הָאָדָם עַצְמוֹ בְּמִדּוֹת הַמַּלְכוּת

[לְהַשְׁפִּיל אֶת עַצְמוֹ]

רִאשׁוֹנָה לְכֻלָּן שֶׁלֹּא יִתְגָּאֶה לִבּוֹ בְּכָל אֲשֶׁר לוֹ, וְיָשִׂים עַצְמוֹ תָּמִיד כְּעָנִי וְיַעֲמִיד עַצְמוֹ לִפְנֵי קוֹנוֹ כְּדַל שׁוֹאֵל וּמִתְחַנֵּן. וּלְהַרְגִּיל עַצְמוֹ בְּמִדָּה זוֹ אֲפִילוּ שֶׁיִּהְיֶה עָשִׁיר יַחְשֹׁב שֶׁאֵין דָּבֵק עִמּוֹ מִכָּל אֲשֶׁר לוֹ

מְאוּמָה וְהוּא נֶעֱזָב צָרִיךְ לְרַחֲמֵי הַבּוֹרֵא תָּמִיד, שֶׁאֵין לוֹ כָּל דָּבָר
אֶלָּא הַלֶּחֶם אֲשֶׁר אֹכֵל, וְיַכְנִיעַ לְבָבוֹ וְיְעַנֶּי עַצְמוֹ, וּמַה גַּם בְּעֵת
תְּפִלּוֹתָיו שֶׁזּוֹ סְגֻלָּה נִפְלָאָה, וּלְהֵפֶךְ מִזֶּה נֶאֱמַר (דְּבָרִים ח, יד):
"וְרָם לְבָבֶךָ וְשָׁכַחְתָּ" שֶׁהַשִּׁכְחָה הַחִיצוֹנִית מְצוּיָה שָׁם. וְדָוִד הִתְנַהֵג
בְּמִדָּה זוֹ הַרְבֵּה שֶׁאָמַר (תְּהִלִּים כה, טז): "כִּי יָחִיד וְעָנִי אָנִי", שֶׁהֲרֵי
כָּל אַנְשֵׁי בֵיתוֹ כָּל אֶחָד וְאֶחָד צָרִיךְ לְהֵעָזֵר לְעַצְמוֹ, מַה כֻּלָּם אֵלָיו
אֲפִלּוּ אִשְׁתּוֹ וּבָנָיו מַה יְעִילוּהוּ בִּהְיוֹתוֹ נִשְׁפָּט לִפְנֵי הַבּוֹרֵא אוֹ בְּעֵת
סִלּוּק נִשְׁמָתוֹ, כְּלוּם יְלַוּוּהוּ אֶלָּא עַד קִבְרוֹ. מָה הֵם לוֹ בְּעֵת דִּינָיו
מִפֶּתַח הַקֶּבֶר וְאֵילָךְ, לְפִיכָךְ יַשְׁפִּיל וְיִתַּקֵּן עַצְמוֹ בְּסוֹד הַמִּדָּה הַזֹּאת.
[לָצֵאת לְגָלוּת]

עוֹד שְׁנִיָּה פֵּרְשׁוּ בְּסֵפֶר הַזֹּהַר (וַיַּקְהֵל, קצ"ח:) וְהִיא חֲשׁוּבָה מְאֹד,
יִגְלֶה מִמְּקוֹם לְמָקוֹם לְשֵׁם שָׁמַיִם, וּבָזֶה יַעֲשֶׂה מֶרְכָּבָה אֶל הַשְּׁכִינָה
הַגּוֹלָה. וִידַמֶּה עַצְמוֹ הֲרֵי אֲנִי גָּלִיתִי וַהֲרֵי כְּלֵי תַשְׁמִישִׁי עִמִּי, מַה
יַעֲשֶׂה כְּבוֹד גָּבוֹהַּ שֶׁגָּלְתָה שְׁכִינָה וְכֵלֶיהָ אֵינָם עִמָּהּ, שֶׁחָסְרוּ בְּסִבַּת
הַגָּלוּת. וְלָזֶה יְמַעֵט בְּכֵלָיו בְּכָל יְכָלְתּוֹ כְּדִכְתִיב (יִרְמִיָה מו, יט):
"כְּלֵי גוֹלָה עֲשִׂי לָךְ" וְיַכְנִיעַ לְבָבוֹ בַּגּוֹלָה וְיִתְקַשֵּׁר בַּתּוֹרָה, וְאָז
שְׁכִינָה עִמּוֹ, וְיַעֲשֶׂה לְעַצְמוֹ גֵּרוּשִׁין וְיִתְגָּרֵשׁ מִבֵּית מְנוּחָתוֹ תָּמִיד
כְּדֶרֶךְ שֶׁהָיוּ מִתְגָּרְשִׁים רַבִּי שִׁמְעוֹן וַחֲבֵרָיו וְעוֹסְקִים בַּתּוֹרָה. וּמַה
גַּם אִם יְכַתֵּת רַגְלָיו מִמְּקוֹם לְמָקוֹם בְּלִי סוּס וָרֶכֶב, עָלָיו נֶאֱמַר
(תְּהִלִּים קמו, ה): "שִׂבְרוֹ עַל ה' אֱלֹהָיו", וּפֵרְשׁוּ בוֹ (שָׁם עַמּוּד א')
לְשׁוֹן שֶׁבֶר שֶׁהוּא מְשַׁבֵּר גּוּפוֹ לִכְבוֹד גָּבוֹהַּ.
[לְיִרְאָה אֶת הַשֵּׁם]

עוֹד מִמִּדַּת הַמַּלְכוּת מִדָּה חֲשׁוּבָה מְאֹד, שַׁעַר הָעֲבוֹדָה כֻּלָּהּ,
וְהִיא לְיִרְאָה אֶת ה' הַנִּכְבָּד וְהַנּוֹרָא. וְהִנֵּה הַיִּרְאָה מְסֻכֶּנֶת מְאֹד
לְפָגֵם וּלְהִכָּנֵס בָּהּ הַחִיצוֹנִים שֶׁהֲרֵי אִם הוּא יָרֵא מִן הַיִּסּוּרִים אוֹ
מִן הַמִּיתָה אוֹ מִגֵּיהִנֹּם, הֲרֵי זוֹ יִרְאַת הַחִיצוֹנִים, שֶׁכָּל פְּעֻלּוֹת אֵלּוּ
מִן הַחִיצוֹנִים, אָמְנָם הַיִּרְאָה הָעִקָּרִית לְיִרְאָה אֶת ה'. וְהוּא שֶׁיַּחֲשֹׁב
בִּשְׁלֹשָׁה דְבָרִים:

125

הָאֶחָד - לִהְיוֹת גְּדֻלָּתוֹ שֶׁל יוֹצֵר הַכֹּל עַל כָּל נִמְצָא

וַהֲרֵי הָאָדָם יָרֵא מִן הָאֲרִי, מִן הַדֹּב, מִן הָאַנָס, מִן הָאֵשׁ, מִן ה

מַפֶּלֶת, וְאֵלּוּ הֵם שְׁלוּחִים קְטַנִּים, וְלָמָּה לֹא יִירָא מִן הַמֶּלֶךְ הַגָּדוֹל

וְיִהְיֶה פַּחְדּוֹ עַל פָּנָיו מִגְּדֻלָּתוֹ, וְיֹאמַר הֵיאַךְ יֶחֱטָא הָאָדָם הַנִּבְזֶה

לַאֲדוֹן רַב כָּזֶה וַהֲרֵי אֵלּוּ הָיָה דֹּב יֹאכְלֵהוּ, וְאֵלּוּ הַקָּדוֹשׁ בָּרוּךְ הוּא

סוֹבֵל עֶלְבּוֹן, מִפְּנֵי זֶה לֹא יִירָא מִפַּחְדּוֹ וּגְדֻלָּתוֹ.

הַשֵּׁנִי - כַּאֲשֶׁר יְדַמֶּה הַשְׁגָּחָתוֹ תָּמִיד שֶׁהוּא צוֹפֶה וּמַבִּיט בּוֹ

וַהֲרֵי הָעֶבֶד יָרֵא מֵרַבּוֹ תָּמִיד בִּהְיוֹתוֹ לְפָנָיו, וְהָאָדָם תָּמִיד לִפְנֵי

הַבּוֹרֵא וְעֵינוֹ פְּקוּחָה עַל כָּל דְּרָכָיו, יִירָא וְיִפְחַד הֵיאַךְ יִרְאֵנוּ מְבַטֵּל

מִצְוֹתָיו.

הַשְּׁלִישִׁי - הֱיוֹתוֹ שֹׁרֶשׁ כָּל הַנְּשָׁמוֹת

וְכֻלָּן מְשֻׁרְשׁוֹת בִּסְפִירוֹתָיו, וְהַחוֹטֵא פּוֹגֵם הֵיכָלוֹ, וְלָמָּה לֹא יִירָא

הֵיאַךְ יִהְיֶה הֵיכַל הַמֶּלֶךְ מְלֻכְלָךְ מִמַּעֲשָׂיו הָרָעִים.

הָרְבִיעִי - יִרְאָה שֶׁפְּגַם מַעֲשָׂיו הֵם דּוֹחִים שְׁכִינָה מִלְמַעְלָה

וְיִירָא הֵיאַךְ יִגְרֹם הָרָעָה הַגְּדוֹלָה הַזֹּאת לְהַפְרִיד חֵשֶׁק הַמֶּלֶךְ מִן

הַמַּלְכָּה, וְהַיִּרְאָה שֶׁהִיא כַּיּוֹצֵא בָּזֶה הִיא יִרְאָה הַמְיַשֶּׁרֶת הָאָדָם אֶל

תִּקּוּן הַמִּדָּה הַזֹּאת וְהוּא דָּבֵק בָּהּ.

[לַעֲשׂוֹת שֶׁהַשְּׁכִינָה תִּדְבַּק בּוֹ עַל יְדֵי הַהִתְנַהֲגוּת עִם אִשְׁתּוֹ]

עוֹד זְהִירוּת הַרְבֵּה צָרִיךְ לִקַּח הָאָדָם לְעַצְמוֹ לַעֲשׂוֹת שֶׁתִּהְיֶה שְׁכִינָה

דְּבֵקָה עִמּוֹ וְלֹא תִּפָּרֵד מִמֶּנּוּ, וְהִנֵּה הָאָדָם בְּעוֹד שֶׁלֹּא נָשָׂא אִשָּׁה

פְּשִׁיטָא שֶׁאֵין עִמּוֹ שְׁכִינָה כְּלָל כִּי עִקַּר שְׁכִינָה לָאָדָם מִצַּד הַנְּקֵבָה,

וְהָאָדָם עוֹמֵד בֵּין שְׁתֵּי הַנְּקֵבוֹת, נְקֵבָה תַּחְתּוֹנָה גַּשְׁמִית שֶׁהִיא

נוֹטֶלֶת מִמֶּנּוּ שְׁאֵר כְּסוּת וְעוֹנָה, וְהַשְּׁכִינָה הָעוֹמֶדֶת עָלָיו לְבָרְכוֹ

בְּכֻלָּם שֶׁיִּתֵּן וְיַחְזֹר וְיִתֵּן לָאֵשֶׁת בְּרִיתוֹ כְּעִנְיָן הַתִּפְאֶרֶת שֶׁהוּא עוֹמֵד

בֵּין שְׁתֵּי הַנְּקֵבוֹת, אִמָּא עִלָּאָה לְהַשְׁפִּיעַ לוֹ כָּל הַצֹּרֶךְ, וְאִמָּא

תַּתָּאָה לְקַבֵּל מִמֶּנּוּ שְׁאֵר כְּסוּת וְעוֹנָה, חֶסֶד דִּין רַחֲמִים כַּנּוֹדָע. וְלֹא

תָבֹא אֵלָיו שְׁכִינָה אִם לֹא יְדַמֶּה אֶל מְצִיאוּת הָעֶלְיוֹן.

וְהִנֵּה לִפְעָמִים הָאָדָם פּוֹרֵשׁ מֵאִשְׁתּוֹ לְאַחַת מִשְּׁלֹשָׁה סִבּוֹת:

הָא' - לִהְיוֹתָהּ נִדָּה.

הַב' - שֶׁהוּא עוֹסֵק בַּתּוֹרָה וּבוֹדֵל מִמֶּנָּה כָּל יְמֵי הַחֹל.

הַג' - שֶׁהוּא הוֹלֵךְ בַּדֶּרֶךְ וְשׁוֹמֵר עַצְמוֹ מִן הַחֵטְא.

וּבִזְמַנִּים אֵלּוּ הַשְּׁכִינָה דְּבֵקָה וּקְשׁוּרָה עִמּוֹ וְאֵינָהּ מַנַּחַת אוֹתוֹ, כְּדֵי שֶׁלֹּא יִהְיֶה נֶעֱזָב וְנִפְרָד, אֶלָּא לְעוֹלָם אָדָם שָׁלֵם זָכָר וּנְקֵבָה, וַהֲרֵי שְׁכִינָה מִזְדַּוֶּגֶת לוֹ, צָרִיךְ אָדָם לִזָּהֵר שֶׁלֹּא תִּפָּרֵד שְׁכִינָה מִמֶּנּוּ בִּהְיוֹתוֹ יוֹצֵא לַדֶּרֶךְ, וְיִהְיֶה זָרִיז וְנִשְׁכָּר לְהִתְפַּלֵּל תְּפִלַּת הַדֶּרֶךְ וְלֶאֱחֹז בַּתּוֹרָה, שֶׁבְּסִבָּה זוֹ שְׁכִינָה שֶׁהִיא שְׁמִירַת הַדֶּרֶךְ, עוֹמֶדֶת לוֹ תָּמִיד בִּהְיוֹתוֹ זָהִיר מִן הַחֵטְא וְעוֹסֵק בַּתּוֹרָה. וְכֵן בִּהְיוֹת אִשְׁתּוֹ נִדָּה שְׁכִינָה עוֹמֶדֶת לוֹ כְּשֶׁיִּשׁוֹמֵר הַנִּדָּה כָּרָאוּי. אַחַר כָּךְ בְּלֵיל טָהֳרָתָהּ אוֹ בְּלֵיל שַׁבָּת אוֹ בְּבוֹאוֹ מִן הַדֶּרֶךְ, כָּל אֶחָד מֵהֶן זְמַן בְּעִילַת מִצְוָה הוּא. וּשְׁכִינָה תָּמִיד נִפְתַּחַת לְמַעְלָה לְקַבֵּל נְשָׁמוֹת קְדוֹשׁוֹת, גַּם אִשְׁתּוֹ רָאוּי לְפְקֹד אֹתָהּ וּבָזֶה שְׁכִינָה תָּמִיד עִמּוֹ, כֵּן פֵּרֵשׁ בַּזֹּהַר בְּפָרָשַׁת בְּרֵאשִׁית (דַּף מ"ט.). הַפְּקִידָה לְאִשְׁתּוֹ צָרִיךְ שֶׁתִּהְיֶה דַּוְקָא בִּזְמַן שֶׁהַשְּׁכִינָה בִּמְקוֹמָהּ, דְּהַיְנוּ כְּשֶׁהִיא בֵּין שְׁתֵּי זְרוֹעוֹת. אָמְנָם בִּזְמַן צָרַת הַצִּבּוּר שֶׁאֵין הַשְּׁכִינָה בֵּין שְׁתֵּי זְרוֹעוֹת, אָסוּר. וְכֵן פֵּרְשׁוּ בַּתִּקּוּנִים פָּרָשַׁת בְּרֵאשִׁית (תִּקּוּן ס"ט).

[לְתַקֵּן הַמִּדּוֹת כֻּלָּם וּלְקַבֵּל עַל מִצְוֹת]

הָרוֹצֶה לְהִזְדַּוֵּג עִם בַּת הַמֶּלֶךְ וְשֶׁלֹּא תִּפָּרֵד מִמֶּנּוּ לְעוֹלָם צָרִיךְ תְּחִלָּה שֶׁיְּקַשֵּׁט עַצְמוֹ בְּכָל מִינֵי קִשּׁוּטִים וּמַלְבּוּשִׁים נָאִים וְהֵם תִּקּוּנֵי הַמִּדּוֹת הַנִּזְכָּרוֹת כֻּלָּם. וְאַחַר שֶׁתִּקֵּן עַצְמוֹ בְּתִקּוּנֶיהָ יְכַוֵּן לְקַבְּלָהּ עָלָיו בִּהְיוֹתוֹ עוֹסֵק בַּתּוֹרָה וְנוֹשֵׂא עַל מִצְוֹת בְּסוֹד כַּוָּנַת הַיִּחוּד תָּמִיד, וּמִיָּד הִיא נִשֵּׂאת לוֹ וְאֵינָהּ פּוֹרֶשֶׁת מִמֶּנּוּ. וְזֶה בִּתְנַאי שֶׁיְּטַהֵר וִיקַדֵּשׁ עַצְמוֹ, וְאַחַר שֶׁהוּא טָהוֹר וְקָדוֹשׁ יְכַוֵּן לְקַיֵּם לָהּ שְׁאָר כְּסוּת וְעוֹנָה שֶׁהֵם שְׁלֹשָׁה דְּבָרִים שֶׁחַיָּב הָאָדָם לְאִשְׁתּוֹ:

הָאַחַת

לְהַשְׁפִּיעַ לָהּ בְּכָל מַעֲשָׂיו שֶׁפַע מִן הַיָּמִין - מְזוֹנָהּ.

הַשְּׁנִיָּה

לְכַסּוֹת עָלֶיהָ מִצַּד הַגְּבוּרָה. שֶׁלֹּא יִשְׁלְטוּ בָהּ הַחִיצוֹנִים שֶׁלֹּא יִהְיֶה
צַד יֵצֶר הָרָע בְּעֵסֶק מִצְוֹתָיו, כְּגוֹן לַהֲנָאַת הַגּוּף וּלְתִקְוַת הַכָּבוֹד
הַמְדֻמֶּה וְכַיּוֹצֵא, שֶׁיֵּצֶר הָרָע מָצוּי בְּאוֹתָהּ מִצְוָה וְהִיא בּוֹרַחַת מִמֶּנּוּ
מִפְּנֵי שֶׁהִיא עֶרְוָ"ה, אִם כֵּן צָרִיךְ לְכַסּוֹת הָעֶרְוָה וּלְהַסְתִּירָהּ תָּמִיד
שֶׁלֹּא יִשְׁלֹט בָּהּ. כֵּיצַד, כָּל מַעֲשָׂיו לְשֵׁם שָׁמַיִם בְּלִי חֵלֶק לְיֵצֶר הָרָע.
וְכֵן תְּפִלִּין וְצִיצִית הֵם מָגִנִּים גְּדוֹלִים בָּעֲדָה שֶׁלֹּא יִשְׁלְטוּ הַחִיצוֹנִים
בָּהּ, וְיִהְיֶה רָגִיל בָּהֶם.
הַשְּׁלִישִׁי
לְיַחֲדָהּ עִם הַתִּפְאֶרֶת בְּעוֹנַת קְרִיאַת שְׁמַע, בִּקְבִיעוּת עִתִּים לַתּוֹרָה,
וּכְשֶׁיִּקְבַּע עוֹנָה לְכָל דָּבָר, יְכַוֵּן שֶׁזֶּהוּ עוֹנַת הַשְּׁכִינָה בַּת מֶלֶךְ, וְיֵשׁ
רֶמֶז לָזֶה בַּתִּקּוּנִים:

פֶּרֶק י
[לְהִתְחַבֵּר עִם הַסְּפִירוֹת לְפִי הַזְּמַן]
פֵּרֵשׁ רַבִּי שִׁמְעוֹן בְּפָרָשַׁת בְּרֵאשִׁית (דַּף יא.) עֵצָה רַבָּה וּגְדוֹלָה מִן
הַתּוֹרָה הֵיאַךְ יִתְקַשֵּׁר הָאָדָם בִּקְדֻשָּׁה הָעֶלְיוֹנָה וְיִתְנַהֵג בָּהּ, וְלֹא
יִפָּרֵד מִן הַסְּפִירוֹת הָעֶלְיוֹנוֹת תָּדִיר, וְצָרִיךְ הָאָדָם בָּזֶה לְהִתְנַהֵג
כְּפִי הַזְּמַן, רוֹצֶה לוֹמַר לָדַעַת אֵיזוֹ סְפִירָה שׁוֹלֶטֶת וּלְהִתְקַשֵּׁר בָּהּ
וְלַעֲשׂוֹת הַתִּקּוּן הַמִּתְיַחֵס אֶל הַמִּדָּה הַשּׁוֹלֶטֶת.
[בַּלַּיְלָה יִתְקַשֵּׁר עִם הַמַּלְכוּת]
וְהַתְחִיל מֵהַלַּיְלָה עֵת שְׁכִיבַת הָאָדָם עַל מִטָּתוֹ, וַהֲרֵי הַשְּׁלִיטָה הִיא
לַיְלָה מִדַּת הַמַּלְכוּת, וְהוּא הוֹלֵךְ לִישׁוֹן, הַשֵּׁנָה הִיא כְּעֵין מִיתָה
וְאִילָנָא דְמוֹתָא שַׁלְטָא, מַה יַּעֲשֶׂה, יְתַקֵּן וְיָקְדִים לְהִתְקַשֵּׁר בְּסוֹד
הַקְּדֻשָּׁה דְּהַיְנוּ סוֹד מִדַּת הַמַּלְכוּת בִּבְחִינַת קְדֻשָּׁתָהּ, וְלָזֶה יֵלֵךְ עַל
מִטָּתוֹ וִיקַבֵּל עַל מַלְכוּת שָׁמַיִם שְׁלֵמָה בכונת הַלֵּב. קָם בַּחֲצוֹת
לַיְלָה יִטּוֹל יָדָיו מֵהַקְּלִפָּה הַשּׁוֹלֶטֶת עֲלֵיהֶם וְיַעֲבִיר רָעָה מִבְּשָׂרוֹ
וִיבָרֵךְ, וִיתַקֵּן הַשְּׁכִינָה בְּעֵסֶק הַתּוֹרָה, וְעַל זֶה נֶאֱמַר עָלֶיהָ (מִשְׁלֵי ו,
כב): "בְּשָׁכְבְּךָ תִּשְׁמֹר עָלֶיךָ" מִן הַחִיצוֹנִים "וַהֲקִיצוֹתָ הִיא תְשִׂיחֶךָ".
וְתִתְקַשֵּׁר עִמּוֹ וְהוּא עִמָּהּ, וְיִתְעַלֶּה דְיוֹקַן נִשְׁמָתוֹ בְּגַן עֵדֶן עִם

הַשְּׁכִינָה הַנִּכְנֶסֶת שָׁם עִם הַצַּדִּיקִים, וְהַתִּפְאֶרֶת יָבֹא שָׁם גַּם הוּא לְהִשְׁתַּעֲשֵׁעַ עִם הַצַּדִּיקִים וְעִמּוֹ בְּחֶבְרָתָם, שֶׁכֻּלָּם מַקְשִׁיבִים לְקוֹלוֹ. הֲרֵי מַמָּשׁ נָסַע עִמָּהּ מֵהַמִּיתָה וְהַשֵּׁנָה אֶל סוֹד הַחַיִּים הָעֶלְיוֹנִים וְנִקְשָׁר בְּסוֹד גַּן עֵדֶן וְהִתְחִיל לְהִתְנוֹצֵץ עָלָיו אוֹר הַתִּפְאֶרֶת הַמִּתְנוֹצֵץ בְּגַן עֵדֶן עַל הַצַּדִּיקִים, וְכֵן פֵּרֵשׁ בְּפָרָשַׁת תְּרוּמָה (דַּף קל:).

[בַּשַּׁחַר יִתְקַשֵּׁר עִם מִדּוֹת שְׁלֹשֶׁת הָאָבוֹת הַכְּלוּלִים בַּתִּפְאֶרֶת]
הִשְׁכִּים וְעָלָה עַמּוּד הַשַּׁחַר, הִתְחִיל הוּא גַם כֵּן לָבֹא לִכָּנֵס לְבֵית הַכְּנֶסֶת, וְקָשַׁר עַצְמוֹ בִּשְׁלֹשָׁה אָבוֹת. בְּפֶתַח בֵּית הַכְּנֶסֶת אוֹמֵר "וַאֲנִי בְּרֹב חַסְדְּךָ אָבוֹא" (תְּהִלִּים ה, ח) וְכוּ', וְכוֹלֵל עַצְמוֹ בְּסוֹד הַתִּפְאֶרֶת אָדָם כָּלוּל חֶסֶד גְּבוּרָה תִּפְאֶרֶת, וְנִכְנַס לִכְנֶסֶת מַלְכוּת. וּמְכַוֵּן בַּפָּסוּק בִּשְׁלֹשָׁה אָבוֹת:
"בְּרֹב חַסְדְּךָ" - דָּא אַבְרָהָם,
"אֶשְׁתַּחֲוֶה אֶל הֵיכַל קָדְשְׁךָ" - דָּא יִצְחָק, דְּמִסִּטְרֵיהּ הִשְׁתַּחֲוָיָה לִכְפֹּף קוֹמָתוֹ נֶגֶד מִדַּת הַדִּין לִהְיוֹת נִדְחֶה מִפָּנֶיהָ, וְאָז הַשָּׁעָה נִדְחֵית מִפָּנָיו כִּי יִמְשַׁךְ שֶׁפַע הָרַחֲמִים מִלְמַעְלָה עָלֶיהָ לְמַתְּקָהּ.
"בְּיִרְאָתֶךָ" - דָּא יַעֲקֹב, דִּכְתִיב בֵּיהּ (בְּרֵאשִׁית כח, יז): "מַה נּוֹרָא הַמָּקוֹם הַזֶּה".
וַהֲרֵי כָּלַל עַצְמוֹ בָּהֶם בְּמַחֲשָׁבָה דִבּוּר וּמַעֲשֶׂה, כִּי מַחֲשָׁבָה שֶׁזְּכַרְנוּ הִיא הַכַּוָּנָה, הַדִּבּוּר הוּא הַפָּסוּק, וְהַמַּעֲשֶׂה הַבִּיאָה לְבֵית הַכְּנֶסֶת וְהִשְׁתַּחֲוָיָתוֹ נֶגֶד הֵיכָלוֹ.

[הַמִּדּוֹת שֶׁמִּתְקַשֵּׁר בָּהֶם בְּמֶשֶׁךְ הַיּוֹם]
קֹדֶם תְּפִלָּה עוֹמֵד בְּבֵית הַכְּנֶסֶת, פִּיו מְקוֹר נוֹבֵעַ תְּפִלָּה וְיִחוּד יְסוֹד, מְקוֹר הַבְּאֵר נִפְתָּח בַּבְּאֵר שֶׁהוּא בֵּית הַכְּנֶסֶת, וּמְתַקֵּן שְׁכִינָה בְּכָל יְכֹלֶת כַּוָּנָתוֹ בִּתְפִלָּתוֹ. יוֹצֵא מִשָּׁם, עוֹלֶה בְּסוֹד הַתּוֹרָה, וּמִתְקַשֵּׁר בָּהּ בְּסוֹד מִדַּת יוֹם, וּמִתְנַהֵג עִמָּהּ כָּל הַיּוֹם עַד שְׁעַת הַמִּנְחָה, שֶׁמִּתְקַשֵּׁר בַּגְּבוּרָה. שֶׁהֲרֵי בַּבֹּקֶר נִקְשָׁר בַּחֶסֶד בִּתְפִלָּתוֹ, וּבַיּוֹם בַּתִּפְאֶרֶת בְּעֵסֶק הַתּוֹרָה, וּבָעֶרֶב בַּגְּבוּרָה. וְכָל זֶה בְּמִדַּת יוֹם

שֶׁהוּא בָּא לְבֵית הַכְּנֶסֶת לְיַחֵד בְּסוֹד הַגְּבוּרָה, כְּדֶרֶךְ שֶׁעָשָׂה בְּצַד הַחֶסֶד.

וּבֵין זֶה לָזֶה קוֹשֵׁר הַשְּׁכִינָה עִמּוֹ בִּסְעוּדָתוֹ, שֶׁגּוֹמֵל חֶסֶד עִם הָעֲנִיָּה הַזֹּאת, כְּמוֹ שֶׁהָיָה אוֹמֵר הַלֵּל הַזָּקֵן (וַיִּקְרָא רַבָּה לד, ג) "יוֹדֵעַ צַדִּיק נֶפֶשׁ בְּהֶמְתּוֹ" (מִשְׁלֵי יב, י), וְזוֹ תִהְיֶה כַּוָּנָתוֹ בִּסְעוּדָתוֹ לִגְמֹל חֶסֶד לְנֶפֶשׁ בְּהֵמָה וּלְקָשְׁרָהּ בְּסוֹד הַמָּזוֹן.

וְאַחַר שֶׁעָלָה לִשְׁעַת הַמִּנְחָה וְנִקְשַׁר בַּגְּבוּרָה, הַמַּתִּין לָעֶרֶב וְיָרַד הַתִּפְאֶרֶת אֶל הַמַּלְכוּת, וַהֲרֵי הוּא עִמָּהּ בִּתְחִלַּת הַלַּיְלָה קוֹשֵׁר עַצְמוֹ בָּהּ וְנִכְנַס לְבֵית הַכְּנֶסֶת עִם הַכַּוָּנָה הַנִּזְכֶּרֶת לְמַעְלָה, וְקוֹשֵׁר עַצְמוֹ לְמַטָּה - תִּפְאֶרֶת בָּא לְבֵית מְלוֹנוֹ.

יָצָא מִבֵּית הַכְּנֶסֶת יְיַחֵד עַצְמוֹ מַמָּשׁ בַּמַּלְכוּת לְבַד, בְּסוֹד קַבָּלַת עֹל מַלְכוּת שָׁמַיִם, וְזֶהוּ תְּקוּפָתוֹ בַּיּוֹם עִם תְּקוּפַת הַסְּפִירָה, וּלְעוֹלָם דָּבֵק בָּאוֹר הַשּׁוֹלֵט.

עֵצָה זוֹ עִקָּרָהּ בְּפָרָשַׁת בְּרֵאשִׁית, וְהַשְּׁאָר מְקֻבָּץ מִמְּקוֹמוֹת רַבִּים מֵהַזֹּהַר. וְהִיא עֵצָה כּוֹלֶלֶת לְהִתְקַשֵּׁר הָאָדָם תָּמִיד בַּקְּדֻשָּׁה וְלֹא יֶחְסַר עִטּוּר הַשְּׁכִינָה מֵעַל רֹאשׁוֹ:

תַּם וְנִשְׁלַם שֶׁבַח לְאֵל יוֹדֵעַ כָּל נֶעְלָם, הַיּוֹם יוֹם ד' י"ב יָמִים לְמַרְחֶשְׁוָן, שְׁנַת "יֶעֱרַב עָלָיו שִׂיחִי אָנֹכִי אֶשְׂמַח בַּה':

ÍNDICE